EM BUSCA DA TEORIA TRIDIMENSIONAL DO DIREITO E DA TEORIA DA JUSTIÇA DE MIGUEL REALE

Um percurso da Ontologia Fenomenológica ao Lógus Apofanticos, à Dialetica Negativa e a Teoria Critica, à Teoria Tridimensional do Direito e a Teoria da Justica de Miguel Reale

Luiz Carlos Zubaran

ISBN: **978- 85- 918576 - 5 - 4**

DEDICATÓRIA

Ao Daiber e a Eveline e nossas caminhadas por Buenos Aires.

iK! Editora –(Nome fantasia).

Prefixo editorial 85-918576

ISBN: 978- 85- 918576 - 5 - 4

Porto Alegre – Rio Grande do Sul - BRASIL

2023

EM BUSCA DA TEORIA TRIDIMENSIONAL DO DIREITO

Ficha Catalográfica gerada automáticamente pela UFB.
Prefixo editorial 85-918576
ISBN: 978- 85- 918576 - 5 - 4
Porto Alegre – Rio Grande do Sul - BRASIL
Autor: ZUBARAN, LUIZ CARLOS.
Título: EM BUSCA DA TEORIA TRIDIMENSIONAL DO DIREITO E DA TEORIA DA JUSTIÇA DE MIGUEL REALE.
LUIZ CARLOS ZUBARAN, 65 páginas, 2023.

1. Lógos Apofanticos, Aletheia - Verdade. 2. Teoria Crítica, Axiologicamente neutro. 3. Identidade hegeliana. 4. Neutralidade do dado e do fato. 5. Compreensão e teoria crítica, 6. A Ontologia Jurídica e gnosiológico Jurídica de Miguel Reale, 7. O Culturalismo no Brasil, 8. A teoría tridimensional do Direito.

SUMÁRIO

AGRADECIMENTOS

Aos professores e amigos da UBA aqui.

Resumen

La Teoría Tridimensional del Derecho es vista como la principal contribución de Miguel Reale, contando con la Crítica de sesgo frankfurtiano como fundamento para su constitución y existencia. Para la Teoría Tridimensional del Derecho la postulación hegeliana es clave como así también la moral kantiana. La dimensión ontológica propuesta por Reale demarca el sentido integrador utilizado por la dialéctica hegeliana, por un lado, y de la ruptura de la identidad hegeliana por el otro. La expresión, entonces, de la Teoría Crítica de Miguel Reale, tuvo su tiempo de maduración, hasta ser conocida y reconocida internacionalmente en los años 1968/1969. Pero la Teoría tridimensional del Derecho está fundada, principalmente en el λογος que es λογος λογικος y λογος αποφαντικος (logos apofánticos). Cada postulación jurídica utiliza este sistema de forma diferente, tanto el derecho del positivismo o jusnaturalismo y el realismo dan funciones diferentes al juicio lingüístico y a la verdad. Cada esfera de designación demarca la crítica y el lugar de la αληθεια llegando algunos, incluso, a colocar el contingente como postulado o de otra forma orientando en dirección a una unidad inmanente transcendente. En este trabajo, utilizando la fundamentación aristotélica y de la escuela de Frankfurt buscamos entender el lugar y algunas proposiciones de la Teoría Tridimensional del Derecho y la Teoría de la Justicia de Miguel Reale.

Resumo

A Teoria Tridimensional do Direito é vista como que sendo a principal contribuição de Miguel Reale e ela tem a Crítica de viés frankfurtiano como pano de fundo de constituição e existência. Para a Teoria Tridimensional do Direito a postulação hegeliana é chave bem como também a moral kantiana. A dimensão ontológica proposta por Reale demarca o sentido integrador que se utiliza da dialética hegeliana, por um lado, e da ruptura da identidade hegeliana por outro. A expressão, então, da Teoria Crítica de Miguel Reale, teve a sua maturação, até ser conhecida e reconhecida internacionalmente em os anos 1968 / 1969. Mas a Teoria tridimensional do Direito está fundada, sobretudono λογος que é λογος λογικος e λογος αποφαντικος (logos apofânticos). Cada postulação jurídica utiliza este sistema de forma diferente, tanto o jus positivismo o jusnaturalismo e o realismo dão funções diferentes para a sentença linguística e para a verdade. Cada esfera de designação demarcam a crítica e o lugar da αληθεια chegando inclusive algumas a colocar o contingente como postulado ou de outra forma orientando em direção a uma unidade imanente transcendente. Nesse trabalho, utilizando a fundamentação aristotélica e da escola de Frankfurt buscamos entender o lugar e algumas proposições da Teoria Tridimensional do Direito e a Teoria da Justiça de Miguel Reale.

Abstract

The Three-dimensional Theory of Law is regarded as being Miguel Reale'smain contribution to the field and is founded upon the critical theory of the Frankfurt School. Hegelian postulation and Kantian ethics are both considered key to the Three-Dimensional Theory of Law. The ontological dimension proposed by Reale uses Hegelian dialectic on the one hand, while also using Hegel's breakdown of identity on the other. Miguel Reale's expression of Critical Theory had time to mature before being recognized internationally in 1968 and 1969.Still, the Three-Dimensional Theory of Law is mainly founded on λογος,which is λογος λογικος and λογος αποφαντικος (apophantic speech). Each legal postulation uses this system differently; legal positivism, naturalism and realism all give different functions to linguistic judgment and truth. Each sphere of designation defines criticism and the place of αληθεια with some even positioning the contingent as a postulate or otherwise directing toward an immanent transcendent unity. In this work, using the foundations of Aristoteles and the Frankfurt School, we intend to understand the place and some propositions of the Three-dimensional Theory of Law and Theory of Justice of Miguel Reale.

Palavras Clave

Teoria Tridimensional do Direito, Teoria da Justiça de Miguel Reale, contribuição de Miguel Reale, Crítica de viés frankfurtiano, Teoria Crítica, logos apofânticos, Aristóteles, dialetica, dialética negativa.

Introdução

A Teoria Tridimensional do Direito é vista como que sendo a principal contribuição de Miguel Reale e ela tem a Crítica de viés frankfurtiano como pano de fundo de constituição e existência. Para a Teoria Tridimensional do Direito, surgida com a publicação do mesmo nome em 1968, a postulação hegeliana é chave bem como também a moral kantiana. A dimensão ontológica proposta por Reale demarca o sentido integrador que se utiliza da dialética hegeliana, por um lado, e da ruptura da identidade hegeliana por outro.

A expressão, então, da Teoria Crítica de Miguel Reale, teve a sua maturação, até ser conhecida e reconhecida internacionalmente. Por intermédio de ela Reale teria superado o normativismo jurídico que prevalecia nos meios judicialiformes de sua época, utilizando a teoria crítica e demonstrando assim, que o fenômeno jurídico está relacionado a um fato social antes mesmo de tornar-se norma.

Ao estabelecer a origem do fato, a partir de um valor que não está expresso a priori, Reale estabelece um processo de interdependência entre o Fato, que é o elemento precedente, o Valor que é o atributo identificado, o que resulta então na Norma, como resultado. Temos, que em determinada circunstância Reale aparece como um fenomenólogo husseliano, e de certa maneira, se o seu esforço intelectual fosse levado à superação da Teoria Crítica, chegaria a ontofenomenologia de Heidegger e a Karl Otto Apel.

Mas a discussão proposta por Reale percorre a afirmação, a sentença, a palavra e a fundamenta a partir de um pressuposto determinado, o homem. Mas este percurso é radicalmente complexo quando trata da dimensão ontológica, da dimensão axiológica e da dimensão gnosiológica em que pese elas estarem expressas na importância do **λογος λογικος** e do **λογος αποφαντικος** (logos apofânticos) para a ciência do direito. O que se quer dizer com isto, antes de tudo, é que uma afirmação necessita ser efetivada para que a partir dela seja constituída, verificada e posteriormente estudada, a sentença. A expressão de uma vontade depende de um processo declaratório, dos direitos em si, das sentenças que os definem e dos inventários que os descrevem.

A partir de isto poderemos tratar do que sejam essas declarações e da verdade que representam. A problematização de a verdade burguesa proposta pôr Max Horkheimer, por seu turno, no texto - Sobre o Problema da Verdade - elaborado em 1935, o indica como imperioso para a compreensão do que seja a verdade frente a nossa sociedade contemporânea e nos faz refletir sobre a possibilidade do relativismo absoluto.

Nossa intenção em este trabalho está em identificarmos, ainda que preliminarmente, o que seja a Teoria Tridimensional do

Direito de Miguel Reale e também a possibilidade do discurso e das vinculações ideológicas e culturais que acorrem em uma sociedade complexa como a brasileira, para chegarmos, então, na possibilidade de aproximação do que seja a Teoria da Justiça de Miguel Reale.

A realidade complexa do período que antecedeu a 2ª Guerra Mundial e o rearranjo ocorrido após o seu término mostraram a evolução cultural no Brasil e na vida de Miguel Reale, que transitou do Integralismo ao Marxismo, sendo que hoje isto nos parece estranho pela distância e pelos preconceitos que carregamos. A melhor identificação a que chegamos da aplicabilidade da Teoria Tridimensional do Direito de Miguel Reale está presente nas ***LIÇÕES PRELIMINARES DE DIREITO de*** 2001 ([1]) e nela é demonstrada a maturidade de seu pensamento. Com isso, neste trabalho percorreremos alguns pontos, para nós importantes para iniciarmos a elucidação do tema da Teoria Tridimensional do Direito e da Teoria da Justiça, quais sejam:

i. Primeiro iniciaremos com a possibilidade de constituição de uma sentença, o que é expresso no Logus apofânticos como base do entendimento do que seja a possibilidade de se fazer uma afirmação e uma negação, e, assim sendo, da capacidade de expressar a verdade,

[1] Reale, LIÇÕES PRELIMINARES DE DIREITO, 25ªedição, 22ª tiragem, 2001, p. 351, 352 e 353;

ii. Segundo, trataremos da teoria crítica de Max Horkheimer e do problema da verdade burguesa com uma abertura a dialética negativa,

iii. Terceiro, abordaremos a ontologia axio-gnosiologica, do culturalismo e da Teoria Tridimensional do Direito com vistas a uma abordagem mínima da Teoria da Justiça de Miguel Reale,

iv. Por fim, nas considerações finais, intentarmos concluir sobre o que seja a categoria fundamental que da substância ao trabalho do jurista e filosofo do direito e que fundamenta a Teoria Tridimensional do Direito e consequentemente a Teoria da Justiça de Miguel Reale.

Do logos apofânticos

A possibilidade de constituição de uma sentença e de ela expressar a verdade esta presente no que Aristóteles chamou de logos apofânticos. O termo logos apofânticos, ou mais precisamente 'apofânticos' se traduz como que sendo uma sentença declarativa ou enunciativa. Em filosofia nos referimos, em geral, aos tipos de discursos ou proposições onde afirmamos ou negamos algo. O uso de este vocábulo se encontra na lógica aristotélica onde todo o discurso é constituído afirmando ou negando algo, já que eles são os únicos que afirmando ou negando algo, possuem, tendo em vista essas condições, valor de verdade. A lógica atual, no entanto, admite em seu campo outros tipos de discursos, com destaque a lógica do 'talvez', a famosa lógica fuzzy, utilizada em inteligência artificial, em que pese a sua realidade determinar diversamente da logica binária outra possibilidade de condição de existência de uma sentença.

Frente a isto ainda, o logos apofântico se distingue do logos semântico e no plano universal, também se mostra como linguagem, se manifesta distintamente da lógica, enquanto que em si mesmo é conhecimento e se manifesta aquém da lógica mesma. Em este sentido o logos apofântico vai muito mais adiante da linguagem e se mostra segundo o dicionário de Japiassu, 2001 ([2]), como que sendo apofântico (gr. apophantikós: que faz ver, conhecer) onde diz que uma proposição apofântica é aquela que se limita a fazer uma declaração, afirmativa ou negativa, sem nenhuma preocupação de dar uma ordem ou de manifestar um desejo ou ainda de afirmar ou de interrogar. Diz também, da teoria lógica dos juízos e das proposições.

A importância do **λογος λογικος** e do **λογος αποφαντικος** (logos apofânticos) para a ciência do direito, e para o ofício manifesto está fundado no processo declaratório dos direitos em si, das sentenças que os definem e dos inventários que os descrevem e tudo isto está relacionado as sociedades que lhes deram origem. Do sistema declaratório e das

---

[2]Hilton Japiassu e Danilo Fernandez, editado pela Editora Zahar em 2001;

verdades que ele carrega há que entender que existem três polos principais relativamente à filosofia do direito, quais sejam: a) o jusnaturalismo; b) o positivismo jurídico; c) o realismo jurídico. ([3]). O jusnaturalismo, doutrina que desde os tempos antigos permeou a tradição ocidental, com um representante de prestígio, o alemão Gustav Radbruch (1878 - 1949). Frente à Alemanha nazista Radbruch dirá: ***'Quando uma lei nega conscientemente a vontade de justiça – por exemplo, concedendo arbitrariamente ou rejeitando os direitos do homem – falta-lhe validade (...); os juristas também devem encontrar a coragem para rejeitar-lhe o caráter jurídico' ([4]).*** Diante desta expressão e diante do comportamento de Antígona, todos aprovariam e aprovam o comportamento elevado e humanitário do jusnaturalismo e das leis

[3]Reale, 1991, p. 906;
[4]Ibidem, 1991, p. 907 apud Gustav Radbruch;

que os ***'deuses puseram no coração dos homens'*** *([5]).* A que dizer essa condição de dependência, se antepõe outra, uma expressão latina com origem grega **ἀπὸ μηχανῆς θεός**, que significa '***Deus surgido da máquina***', e é utilizada para indicar uma solução inesperada lançada para terminar uma obra ficcional. Mas o jus naturalismo nada é de ficcional, mas é dependente de um algo que o coloca em identidade com o primeiro motor. Por outro lado o realismo jurídico, também é uma corrente com raízes na tradição, onde o Direito não se diz justo com base em certa ética filosófica, mas é norma válida que emerge da vida vivida pelos homens ([6]). Friedrich Carl Savigny (1797 - 1861), seu discípulo Georg F. Puchta (1797 – 1846) representam o romantismo jurídico que vê o espirito do povo e no direito consuetudinário as fontes

[5]Ibidem, 1991, p. 907;
[6]Ibidem, 1991, p. 907;

primarias do direito. Mais recentemente, quem melhor defendeu este sistema pensamento foi o jurista Oliver Wendell Holmes (1841 – 1935), durante muitos anos juiz da Suprema Corte dos Estados Unidos. Holmes foi ***'o primeiro, precisamente no exercício de suas funções de juiz, a rejeitar o tradicionalismo jurídico das cortes e a introduzir uma interpretação evolutiva do direito, mais sensível às mudanças da consciência social' (Reale, 1991, p. 908 apud N. Bobbio).*** Ao lado de Holmes, é de destacar o maior filosofo norte americano do direito, Roscoe Pound que sustentou que '***se deve pensar o direito 'não como um organismo que cresce por causa e por meio de algumas propriedades (...), mas sim (...) como um edifício construído pelos homens a fim de satisfazer aspirações humanas.'***([7]). Mais

[7]Ibidem, 1991, p. 908 apud Roscoe Pound;

tarde Roscoe Pound orientou-se por um jusnaturalismo que não levava em consideração a história.

Hans Kelsen, por sua vez, um positivista jurídico, sustenta uma posição distinta do positivismo ideológico que tem base em uma justiça fixada por quem tem força para fazê-la respeitar, como diria Hobbes: iustum quia iussum (Reale, 1991, p. 909). Há que entender que Hobbes indica que o '***Estado foi constituído quando uma multidão de homens concordaram e pactuaram cada um com cada um dos outros (...) a fim de viverem em paz (...) e protegidos (...)*** *([8])* por um monarca ***'mediante o consentimento do povo reunido'([9]).*** Mas Kelsen havia superado a muito a condição proposta pelo iluminismo de Hobbes onde o

---

[8]Hobbes, Capítulo XVIII – Dos Direitos dos soberanos por instituição;

[9]Ibidem, Capitulo XVIII – Dos Direitos dos soberanos por instituição;

príncipe é o criador da justiça ([10]), porquanto para ele o que constitui o direito é a sua validade jurídica onde diferentemente de outras normas ele se qualifica com base em que o direito válido seja também o justo.

Para Kelsen, o problema da justiça é o problema da ética. Com isto, cada um dos movimentos, o jusnaturalismo; o positivismo jurídico e o realismo jurídico tratam o **λογος αποφαντικος**, de maneira distinta; o jusnaturalismo o ligará a uma condição de identidade, o positivismo jurídico com a ciência dos valores e com o conhecimento originário dos mesmos e o realismo, grosso modo o tratará como 'opinião jurídica dos membros da sociedade' e dos costumes ([11]).

---

[10]Reale, 1991, p. 909;
[11]Ibidem, 1991, p. 908;

Mas existe a razão e sua origem grega, mais precisamente em Parmênides, Heráclito, Platão e Aristóteles, e mais especificamente ainda, em Aristóteles. Enfatizamos então que a experiência da razão é reflexo do λογος grego sistematizado.

Se for certo tratarmos de maneira redutiva o termo razão na sua origem, essa proposição tem como diretiva alcançarmos a condição de determinação a partir de um sistema minimamente organizado, mas nem de longe idealista. Não podemos esquecer com essa afirmação, as teorias tradicionais da verdade de Aristóteles, tão presentes nas teses sobre a verdade nas ciências do espirito modernas[12], verdade essa que se apresenta como

[12] Conferir o Ser e Tempo, onde Heidegger trata a alétheia com base nas teorias tradicionais da verdade fundamentando assim o Dasein heideggeriano;

referência de expressão do conceito proposto relativamente ao objeto representado. A inclusão das teorias tradicionais da verdade como referência de uma ciência dita racional não é nada inocente.

Com isso queremos dizer que a expressão de uma ciência jurídica racional vinculada à verdade como expressão das teorias tradicionais da verdade detém um problema de petição de princípio. Um problema de petição de princípio porque Aristóteles exclui radicalmente de sua investigação sobre a verdade qualquer expressão que não seja demonstrável. É bem verdade que é isso que os juristas modernos buscam expressar. No entanto, a verdade não é expressão de uma única parcela do homem. Originalmente, com os gregos, a verdade era expressão de várias faculdades, tais como a adivinhação forçada pela mântica incubatória ([13]), pela ordália do mar ([14]), sendo essas expressões caracterizadas como pautas poéticas, pautas judicialiformes ([15]) e pautas mânticas ([16]) as quais Aristóteles estrategicamente exclui quando, ligadas aos aspectos mágicos. Essa exclusão que Aristóteles processa como base às teorias tradicionais da verdade, Heidegger discute no 'Ser e Tempo' ([17]), discussão essa que abre a possibilidade maior do processo quando olhamos a chave metódica determinada pela Ética a Nicômaco, fato que indica outro caminho excludente onde a razão será construída pela circunstância da verificação das estruturas mentais epistêmicas e dos processos científicos.

O sentido da direção da escolha de Aristóteles está posto

---

[13] Detienne, 1988, p. 30;
[14] Ibidem, 1988, p. 32;
[15] Ibidem, 1988, p. 29;
[16] Ibidem, 1988, p. 21, 30 e 37;
[17] Heidegger, 1980, p. 235;

relativamente a quatro questões principais.

i. Primeiro, devido a permanente e recorrente utilização das teorias tradicionais da verdade como instrumento de justificação entre o conteúdo, que é o programa e a forma da sociedade final assumida que é o resultado.

ii. Segundo, pelo significado assumido pela obra aristotélica no que se refere ao sentido abrangente e incontestavelmente sistematizador do pensamento grego onde a verdade e suas possibilidades, a teoria do conhecimento, os modelos de análise, a ética e a prudência articulam os fundamentos do pensamento ocidental. Esquecer estes fundamentos é o mesmo que cair no limbo onde a ciência do direito será meramente à expressão de uma sociedade destituída do conhecimento e de seus princípios fundamentais geradores.

iii. Terceiro, verificar os princípios utilizados por Aristóteles, com base na ética a Nicômaco, é compreender a divisão da alma ([18]) e os métodos de aproximação da verdade ([19]).

iv. Quarto este caminho nos leva, na poética e na política, quando relacionadas às coisas da poesia, da arte e da ciência do direito, aos conceitos necessários e suficientes para compreender o pensamento ocidental, quando trata da 'Mímesis', da 'Catarses' e da 'Falta Trágica', ao 'logos apofânticos' o que nos leva então a condição de enunciarmos os conteúdos, necessários e suficientes, do dasein heideggeriano quando visto por intermédio da verdade, para ele fundamental, para a distinção entre uma existência imprópria que é a existência anônima e cotidiana e outra que é autêntica e que se encontra a si mesma. Essa chave aparentemente enigmática fundamenta o conjunto de condições radicais em que pese à

[18] Aristóteles, Ética a Nicômaco, 1102 b;
[19]Ibidem,Ética a Nicômaco, 1139; 1140; 1141;

> verdade ser à base da existência autêntica quando vista e interligada a produção das coisas do direito e da justiça em um exercício que se manifesta por um autêntico uso dos meios e dos princípios fundados em uma consciência de si mesmo

Aristóteles determina a razão como uma meta, τελος, que orienta o homem contra as disposições dos prazeres. A reta razão, como meio termo entre o vício da abundância e da carência, segundo Aristóteles garantiria o caminhar do homem dentro de certos parâmetros únicos, princípios de raciocínio que orientariam a existência pela busca do ser, do absoluto. Essa postura antiga, no entanto, não é suficiente para avançarmos até nosso ponto basilar de investigação. Mas um aspecto, podemos indicar, ainda que provisoriamente, de que o racional está como base e fundamento de todo ou qualquer processo, onde uma escolha determinada e consciente está presente e permeada pela 'reta razão'[20]. O que representa essa inovação lançada nas noções da razão que é λογος e da experiência com o contingente que é a materialidade composta pelos elementos materiais que chamamos de υλη[21]? Essa detém o peso da radicalidade do estagirita. É razão, λογος ou λογος αποφαντικος (logos apofânticos) ou também αποφανσις (apófansis) (apófasis), cujo peso se encontra na diretiva de 'uma proposição' que pode ser afirmativa χαταφατικος (catafáticos) ou negativa, αποφασις (apófasis), o

---

[20] Reta razão é um termo técnico utilizado por Aristóteles, usual na Grécia, mas que pode ser também a razão não como uma coisa senão como parte do espirito divino submerso no corpo do homem (Sêneca 912); a imitação da natureza (Sêneca 919); a faculdade da razão do homem que não tem necessariamente um órgão corpóreo (Plotino); Uma só coisa é sabedoria, conhecer a razão que a todas as coisas governa, (Heráclito 65);

[21] O conceito expresso pela 'ILE' está vinculado à substância, sendo uma de suas categorias (Nota do Autor).

que faz com que o discurso apofântico seja rigorosamente distinguido de outras formas de discurso, tais como: uma declaração, sentença ou inventário. Com isso, o discurso apofântico, é aquele discurso onde reside o verdadeiro ou o falso. A doutrina da apófasis é fundamento da lógica aristotélica, portanto λογος relativo à λογος αποφαντικος e também λογος relativo a λογικος. Mas essa relação implica determinarmos as formas genéricas de derivação do primitivo λογος αποφαντικος como: relação formal e operativa da congruência do verbo de uma afirmação S e P; da duplicidade operativa de seleção de S e P, desembocando na noção de função proposicional; de certas relações mútuas existentes entre S e P, segundo os predicamentos relacionados à teoria das classes e, por fim, dos intervenientes da fórmula S e P a categoria de relação que permite desdobrar o predicado num duplo predicado chegando à formulação S e P, onde P é igual a P1 e P2, o que nos levaria à possibilidade de cálculo de relações. Um discurso em que reside o verdadeiro ou o falso e no qual as proposições necessariamente estão determinadas dentro de uma teoria geral das proposições, faz com que, as proposições, estejam relacionadas necessariamente à apodíctica, com suas raízes formadoras que constituem o termo **αποδιτιω**, onde termos: **απο**, advérbio com o significado de 'longe' e 'separadamente' e também **απο**, preposição como 'vindo de', 'a partir de', 'origem', 'meio', 'matéria', etc. Segue a partícula **δι** com significado de dois, chegando então a **τιο** com significado de 'avaliação'. Temos, então, **αποδιτιω** com o significado de: 'vindo de duas avaliações'. A conjugação desses nomes nos leva a um processo relacional, em que cada um dos nomes completa a noção do seguinte, portanto λογοςrelativo à λογος αποφαντικος e λογικος relativo ααποδιτιω, onde temos a apodíctica como correlativa, subordinada e determinante da própria lógica e determinação do λογος αποφαντικος. A rejeição de Aristóteles ao suprassensível platônico - parmenídico aparece, sobretudo, na ambiguidade do que os historiadores da filosofia chamaram de realismo aristotélico. Buscavam os historiadores da filosofia designar com esse termo abstrato o senso de concreto aristotélico[22]. O que ocorre de fato não está direcionado ao sentido abstrato do termo utilizado, mas, sim, a uma tentativa oscilante existente entre esferas de designação que se constituíam numa tripla atribuição do termo à verdade. Essas três esferas de designação demarcam a crítica e o lugar da αληθεια na obra aristotélica, o seu pensamento. Tidas a partir do

---

[22] Millet, 1990, p. 22.

pensamento grego em geral primeiramente, e estou me referindo ao conglomerado herdado de Dodds, 1988, em segundo temos o processo revisional iniciado por Platão no Sofista, que foi retomado por Aristóteles num sistema-pensamento que fluía em várias direções, sem chegar a colocar o contingente como postulado, porquanto se orientava em direção à unidade imanente transcendente.

No entanto, esta condição particular mostrou um caminho determinado que ainda serve de balizamento para os homens presentes e futuros. Em uma conversa muito recentemente, um colega afirmou que as profissões como as conhecemos estão fadadas ao desaparecimento. Mas isto foi dito sempre, cada vez que um novo processo humano surge. Temos que o entendimento da conjunção dos processos miméticos e catárticos induz a realidade presente em que pese à ciência jurídica não ser expresse como uma poesia, música, peça de teatro ou pintura, onde os sentimentos estão ali manifestos; mas a ciência jurídica, em que pese não ter nos seus propósitos e entendimentos expressos como uma arte qualquer ela não pode ser tratada como a Estética de Adorno nem o relativismo absoluto proposto por Max Horkheimer. A verdade estará então assim expressa, como condição determinada de relação entre o discurso e a coisa que é justa e verdadeira mesmo quando ocorrer à possibilidade da falta trágica e o logos apofânticos, o primeiro quando for destituído de sentido e o segundo quando for tratado como base purovisualista contraria a condição racional. Contra esses limites confronta-se Miguel Reale, quando percebe a duplicidade do logos apofânticos e a expressão da verdade manifesta como verdadeira ou falsa. A oscilação entre o verdadeiro ou falso é chave determinante para a ciência do direito, mais do que isto é chave de identificação de postulações distintas, do jusnaturalismo; do positivismo jurídico e do realismo jurídico, que permitem, no confronto de elas a busca por uma categoria radical que fundamente outra visão do direito e da justiça.

A teoria Crítica da sociedade de Max Horkheimer e a verdade

A crítica que Marx estabeleceu a Hegel foi mediada pela escola de Frankfurt que a institucionalizou e a derramou sobre o ocidente como que sendo um produto cultural a ser consumido e teve na ação do Instituto de Pesquisa Social o seu agente preconizador. O Marxismo de cunho clássico e o Marxismo da Escola de Frankfurt, em momentos distintos chegaram a América. As vezes aliados estrategicamente aos liberais capitalistas, como no período da 2ª grande Guerra, as vezes com apoio institucional, tal como ocorreu com o PRI no México ou em Cuba, as vezes em lados opostos como na Guerra Fria, em outros momentos expoentes da Escola de Frankfurt refugiaram-se nos Estados Unidos, tal como aconteceu com Adorno, perfeitamente acolhido devido a ascendência judaica nas Universidades Americanas. A importância da Escola de Frankfurt é inegável e o estudo sobre a verdade elaborado por Max Horkheimer é fundamental para ampliar e tornar acessível à crítica de Marx a Hegel tendo em vista o processo de inversão proposto por Marx, que é visto como segue:

> *Marx, portanto, desfere contra Hegel duas acusações principais. Antes de mais nada, a de subordinar a sociedade civil ao Estado e, depois, a de inverter o sujeito e o predicado: os indivíduos humanos, isto é, os sujeitos reais, tornam-se em*

> *Hegel predicados da 'substancia mística' universal. Mas, reafirma Marx, 'como não é a religião que cria o homem, mas o homem que cria a religião, da mesma forma não é a constituição que cria o povo, mas o povo que cria a constituição. (Reale, 1991, p. 186).*

Tendo em vista esta referência, é relativamente contra a teoria da identidade que o marxismo investe e a Escola de Frankfurt também o faz. A Problematização da Verdade em Max Horkheimer, crítica à doutrina da identidade hegeliana, à forma matemática, à neutralidade do dado e do fato. A problematização da verdade burguesa proposta pôr Max Horkheimer no seu texto - Sobre o Problema da Verdade - elaborado em 1935 é apresentada numa duplicidade típica, tendo pôr um lado à relatividade como paradigma e tendo no outro extremo, o absoluto.

A crítica à hipostasiação dessa dupla posição da verdade, na abordagem de Horkheimer, é percorrida em termos gerais dos apriorismos kantianos, à verdade positivista e à matematização das ciências do espírito, da apofântica à apofântica formal de Husserl, da verdade absoluta em Hegel, dos contornos da verdade pragmática, sobretudo nos seus conceitos de comprovação, utilidade e desempenho.

As contradições imanentes ao duplo da verdade burguesa, Horkheimer coloca como ponto nodal do seu desvelar de a dialética inconclusa, fundamentada na razão, espelho do que Hegel faz na Enciclopédia, o que imputaria a essas verdades o seu aparecer no que elas mesmas seriam, mas para Horkheimer fadadas à insuficiência sob o jugo da razão instrumental, sobretudo nos seus momentos críticos de aparente superação e autocrítica, alterados em dogmatismo, sectarismo e totalitarismo.

Horkheimer enuncia esta dupla verdade da seguinte maneira: a verdade relativa em que cada coisa e cada relação de coisas modificam-se no tempo e assim cada julgamento sobre situações da realidade tem de perder, com o tempo, a sua verdade. [23] ([24]), e mais, que essa verdade relativa possui essencialmente características subjetivas ([25]). Na contraposição a esse enunciado de Horkheimer, temos a verdade absoluta como uma 'tendência à fé cega, à submissão absoluta, que como o contrário do relativismo sempre está ligado necessariamente a ele'...[26] ([27]). Dessa maneira,

---

[23] Adorno, 1970, p. 261;
[24] Horkheimer, 1990, p.139;
[25] Ibídem, p. 139;
[26] Adorno, 1979 p. 261;
[27] Horkheimer, 1990, p. 140;

verificamos a interdependência e intrincada ligação entre os dois paradigmas para a verdade - relativa e absoluta que dessa feita foram chamadas de - o duplo da verdade burguesa.

Com base nesse problema proposto pôr Horkheimer, da hipostasiação do duplo da verdade burguesa perguntaríamos - qual o lugar da onde Horkheimer problematiza a duplicidade da verdade burguesa, onde encontrar a sua base constituidora, mas, sobretudo, sob qual aspecto o projeto horkheimeriano embater-se-ia com a sociedade em si? Antevemos alguns contornos tênues do problema proposto que se coloca com base da superposição entre 'conceito e existir' [28] ([29]), na crítica à verdade como abstrato indeterminado, num processo de fragmentação da verdade que hoje popularmente

---

[28] Heidegger, 1980, p. 233;
[29] Horkheimer, 1990, p. 150;

e erroneamente chamamos de pós-modernidade e onde poderíamos encontrar o saber mudando de estatuto ou ainda numa forma mais branda, na superação de paradigmas? A partir de 1934, e o artigo sobre o problema da verdade acontece em 1935, Horkheimer define a posição fundamental da teoria crítica, que busca apelar contra: o entendimento, o raciocínio, contra a forma matemática, contra o abstrato, contra o mecânico e em favor da alma, da intuição; em direção à forma orgânica, ao humano, ao sensível, ao vivo, com sua origem em Nietzsche e na filosofia da vida (Lebensphilosophen) de Arthur Schopenhauer. ([30]) Dessa maneira, fica permeada com clareza a posição dual, na qual a verdade enquanto categoria filosófica geral é ajustada, de maneira inversa a metafísica tradicional, na inversão da lógica da

---

[30] Assoun, 1991, p. 29;

hipostasiação do todo, buscando assim fazer justiça ao singular e demonstrar que a sua fundamentação, mesmo que decorrendo dos escombros de uma metafísica não negada na sua essência, esta projetada ao racional, resíduo da metafísica ela mesma e institucionalização da posição paradoxal da teoria crítica, onde a sua ambiguidade residirá. A estrutura da nossa pergunta, sobre o lugar de onde Horkheimer pergunta sobre o duplo da verdade burguesa e o seu ponto nodal, teria desde já a marca da insuficiência própria da teoria crítica, o que não tira o seu vigor ácido de atrito com a filosofia tradicional, se não que a fortifica contra os sistemas prontos e acabados. E mesmo quando correndo em trilhos paralelos à reativação ôntica da pergunta sobre o ser estabelecida, cujas categorias serviriam de fundação para a possibilidade da filosofia concreta de Marcuse, mesmo assim, para os mais radicais postuladores da teoria crítica, esse bordo seria ainda a permeabilização do sentido universalizante dos traços unificadores, pré-conceito monista permanentemente reafirmado, da metafísica tradicional.

Partindo do lugar de onde Horkheimer pergunta sobre o duplo da verdade, teria ele na crítica a teoria da identidade de Hegel sua fundação constituidora, ou melhor, como se refere Assoun, 1991, ([31]), - a sua base constituidora instaurada nos escombros do templo hegeliano. Desta maneira, ao enunciarmos a teoria crítica como base da crítica à teoria da identidade de Hegel, será necessário abordarmos um aspecto fundamental proposto pôr Horkheimer como axioma do idealismo, identificado pôr ele na

[31] Ibídem, 1991, p. 24;

superposição do 'conceito' e do 'existir'. Percebemos que a teoria crítica ela mesma investe contra a verdade enquanto abstrato indeterminado, contra a fé hipostasiada, contra as regras, contra o estado, contra tudo que se diz organizado, suporte irracional do racional e como consequência e causa da teoria crítica, temos o processo de fragmentação, com início na pluralização da identidade e, portanto como causa e consequência da fragmentação ela mesma.

Há que perguntar, em este momento, se a profusão de necessidades e a profusão de direitos, presentemente vistos, não é fruto desta fragmentação.

A crítica à teoria da identidade, insertada contra o auto

movimento dialético do conceito, fundamenta-se essencialmente no fato de que toda a determinação conceitual provisória tem como paradigma o sistema acabado, com seu fim último na idealidade absoluta, expressa na filosofia do absoluto.

Mas a crítica à teoria da identidade de Hegel seria o nome expresso para designar o ponto de partida de uma intrincada e complexa série de movimentos teóricos, que, pôr um lado repeliriam o que em Hegel determina-se como base do sistema acabado, mas, pôr outro lado buscará apoio no Hegel racional, dado o fato de que a teoria crítica necessitará de um meio sistêmico, não sistemático, de exposição de seus corolários ou anti-corolários.

Neste ponto do desvelamento imposto pela teoria crítica à

verdade, enquanto abstrato indeterminado, tendo em vista - o paradigma do sistema acabado contraposto à dialética inconclusa, e da análise da forma matemática, suporte da ciência e da razão instrumental, principalmente na sua forma pragmática e nos seus conceitos de comprovação e desempenho, à neutralidade do dado e do fato.

Quanto ao do paradigma do sistema acabado, identificamos na superposição entre o conceito e o existir a base crítica horkheimeriana ao idealismo hegeliano. De fato será necessário palmilharmos a teoria da identidade no parágrafo 115 da Enciclopédia de Hegel, e também insertarmos a análise cruzada da citação 15 ([32]) sobre o parágrafo 60 da também Enciclopédia de

[32] Horkheimer, 1991, p. 150;

Hegel. Ao perscrutar a citação 15 de Horkheimer, sobre o parágrafo 60 da Enciclopédia, vemos a duplicidade burguesa expressa, e Horkheimer suprime a frase que dá nexo ao 'confronto determinado' entre o finito e o infinito, no qual Hegel diz: ***'O limite, a deficiência do conhecer é, do mesmo modo, determinado como limite e deficiência só pôr 'comparação' com a ideia existente do universal' Hegel, ([33]).***

Horkheimer buscando perscrutar na sua citação o fundamento do idealismo, ao subsumir conceito e existir um no outro, estaria a negar a identidade do conceito e a identidade do existir, enquanto categorias filosóficas distintas e constituídas em momentos distintos na lógica da essência e na lógica do conceito.

---

[33] Hegel, Enciclopedia, parágrafo 60;

Ao destacarmos a postura comparativa - Vergleich -, como Hegel a estabelece, entre o limitado e o ilimitado, ou melhor, entre o limitado contingencial e o ilimitado universal e verdadeiro, diríamos que Vergleich enquanto comparação não pode ser considerada como superposição, nem Hegel no parágrafo 60 da Enciclopédia isso afirma. Pôr outro lado, a palavra Vergleich utilizada na tradução portuguesa da Enciclopédia como comparação tem sua raiz, como sabemos na palavra Gleich, que pode ser tanto o adjetivo igual, idêntico, uniforme, indiferente, o mesmo, sem distinção, como também pode ter sua raiz correlacionada ao advérbio - gleichgross - que pode ser do mesmo tamanho, de igual volume. Dessa maneira, comparando conceito e existir, a base do adjetivo derivado da palavra Gleich, temos: o conceito igual ao existir; conceito idêntico ao existir; conceito uniformizado ao existir; conceito indiferente do existir; conceito não diferente do existir. Nessa ultima comparação, então, temos que o não diferente, necessariamente não é o 'igual', o absolutamente igual.

O que queremos dizer é que nas inúmeras variações semânticas, nos inúmeros recursos da língua alemã, poderão se produzir inúmeros problemas interpretativos, caso não lancemos mão dos recursos da filosofia da linguagem. Ocorre que nos idos de 1935, período em que o texto sobre o problema da verdade foi composto, a filosofia da linguagem era apenas uma promessa, bem como também o era a hermenêutica filosófica. O que somos forçados a deduzir é que Horkheimer tendo como télos a superposição que ocorreria sim, no absoluto, na ideia, ([34]) como que

---

[34]Ibidem, parágrafo 213, Enciclopédia;

sendo a totalidade orgânica em que todas as categorias estariam numa conexão dialética estrutural, que as abrangeria todas em seu pleno desdobrar, pensou poder imputar sobre o existir (a existência) o sentido do conceito. Isto então diria de um fim determinado, que estaria determinando e condicionando o contingente?

Horkheimer julga que sim e fundamenta a teoria crítica contra esta determinação última e sua influência no contingente, da verdade absoluta e da verdade relativa modelada na realidade, na vida. A consequência para a verdade advinda desta postura aparentemente desveladora de Horkheimer seria a proveniência do duplo da verdade burguesa.

A paradoxal superposição entre o conceito e o existir, cuja

identidade já estaria garantida, do conceito e do existir em momentos distintos da lógica ([35]), estrategicamente estaria fadada ao fracasso, posto que no conceito e no existir residisse a fundamentação categorial da verdade absoluta e da verdade relativa, duplo da verdade burguesa. Horkheimer dessa maneira conta com a fundamentação hegeliana para a categorização do duplo da verdade burguesa da mesma maneira que estas duas funções superpostas fundamentam sua crítica.

Na análise da forma matemática, teríamos o embate mais profícuo se Horkheimer se propusesse a discutir o valor da ontologia formal de Husserl, que, segundo ele seria constituída de universalidades vazias projetadas a um mundo possível - em geral -

---

[35]Ibidem, parágrafo 112, 115, 123, 160, 213 da Enciclopédia;

ou à apofântica formal, somados a lógica pura e a matemática ela mesma.

Dentre essas universalidades vazias, identificadas à base do absoluto, poderíamos realmente ligar a matemática e a lógica? Horkheimer as consideraria epifenômenos de uma reflexão da realidade que teria na matemática o seu arcabouço mais facilmente reconhecível quando da migração para as ciências do espírito, mas essa postura seria ela mesma um oximoro, posto que estivesse a unir o supostamente independente com o efetivamente dependente, não imputando um efetivo reconhecimento de cada uma das suas posições. Mais ainda com relação à matemática, Horkheimer a veria não como função evidente do processo de construção e desenvolvimento mental do homem, o que se evidencia como segue com base nos processos cognitivos relacionados ao que se pode produzir:

> *Mesmo que certas interpretações filosóficas da matemática deem importância, com razão, à aprioridade, ou seja, à ausência de toda consideração empírica nas construções matemáticas, os modelos matemáticos da física teórica, nos quais, no final das contas, se evidencia o valor cognitivo da matemática, estão estruturados em relação com os fenômenos que se podem produzir e constatar com base no respectivo grau de desenvolvimento do aparato técnico (Horkheimer, 1990, p. 151).*

Horkheimer, completa sua citação dando ênfase ao não interesse, da matemática e das ciências exatas com relação aos fenômenos que as produziram:

> *Quanto menos a matemática, dentro de suas deduções, precisa interessar-se por essa relação <com os fenômenos produtores da sua reflexão>, tanto mais sua forma é também condicionada cada vez pelo aumento da capacidade técnica da humanidade como ela mesma o é pelo desenvolvimento da matemática (Horkheimer, 1990, p. 151).*

O que vemos como evidente com a separação da matemática, e poderíamos nesse momento incluir também a lógica, dos fenômenos produtores da sua reflexão, direciona cada vez mais estas ciências a uma falsa autonomia, à abstração, a ponto de tornar a categoria de comprovação fundamental para as suas existências enquanto ciências. Desvelar o conceito de comprovação enquanto método de prova da verdade significaria confrontar o que seja comprovação à base do enunciar das ciências exatas, - da matemática, com sua pretensão de auto fundamentação enquanto esfera de verdade autônoma e a lógica enquanto hipostasiação das leis do pensamento em leis universais. Sobre a verdade matemática, fundamentada num conjunto de axiomas, em que a tese se extrai da hipótese mediante recursos da técnica de derivação dos teoremas e postulados fundamentais, teve durante muito tempo a sua proteção vinculada a uma técnica de derivação formal reduzida a um mecanismo de raciocínio preciso de forma que - a proposição consequente derivaria do enunciado antecedente com base em um 'como' e de uma 'maneira' determinados. Não se tratava, porém de classificar unicamente os diferentes tipos de relação entre formas dedutivas, mas de por a descoberto a estrutura operativa. Durante a longa trajetória desta ciência exata, a verdade matemática permaneceria resguardada pela técnica da conversibilidade do resultado nas formas primeiras e originais que as produziram, isso é, até Goedel. Kurt Goedel relativizou a verdade matemática e o de seu famoso teorema que demonstrou a incompletude da aritmética. O argumento de Goedel se reportou a paradoxos lógicos, entre eles o de Richard, que definia os pressupostos dos números inteiros.

O que Kurt Goedel em 1931 demonstrou, buscando desenvolver o programa do platonista Hilbert, em seu escrito 'Principia Mathematica' e de seus sistemas afins, foi que não é possível construir uma teoria axiomática dos números que detenha o caráter de completude pretendido por Hilbert (Retirado de *Canabrava, 1956*).[36] Goedel extraiu o corolário lógico para

[36]O famoso teorema de Goedel veio demonstrar que o conceito de verdade matemático não é tão simples quanto se supunha. Com isso, demonstrando que nenhum sistema ou teoria poderá demonstrar sua

formalizar a aritmética elementar, o resultado foi desastroso para o programa hilbertiano, pois foi demonstrado que era impossível um cálculo lógico, com potência suficiente para formalizar a aritmética. Tal cálculo, se coerente, é indemonstrável com a base da fórmula que expressa a sua coerência. A consequência do teorema refletiu sobre o conceito de verdade matemática, que desceu à categoria

---

própria consistência. Goedel destrói a possibilidade formal dos sistemas construídos dedutivamente. Junto ao argumento de Goedel devemos reportar as antinomias e os paradoxos lógicos, pôr exemplo o 'paradoxo de Richard'. Goedel assim diria:
Considerando a sequência finita w1, w2 ...wn;
Para os inteiros 'n' e 'p' ocorrem as seguintes hipóteses;
n possui propriedade expressa pôr wp;
n não possui propriedade expressa pôr wp;
No primeiro caso o símbolo é (-Wp(n));
No segundo caso o símbolo é ~(-Wp(n));
Considerando a hipótese (-Wn(n)), dizemos que existe um número 'q' que possibilita a seguinte expressão, tornando equivalentes as condições expostas que seriam:
(-Wq(n)) = ~(-Wn(n));
Desde que se considere, como ficou estabelecida na dupla negação de uma das parcelas, onde q = n, obtém-se a contradição:
(-Wq(q)) = ~(-wq(q));
A consequência radical é que o enunciado Wn não é demonstrável no sistema (s) aritmético de números inteiros.
Este assunto é abordado em *Euryalo Canabrava, 1956.*

de noção ambígua e indefinível, anulando a possibilidade dos sistemas fechados, auto fundamentados. A renúncia à certeza absoluta dos enunciados de verdade matemática teve por efeito, aproximar a matemática da metafísica, pela necessária definição, de seus pressupostos.

Horkheimer não utiliza a oportunidade radical de crítica à verdade em sistemas fechados, não empíricos, auto fundamentados, quando não relaciona o teorema de Goedel à sua própria postulação sobre o duplo da verdade burguesa. Essa diferença imputou à prova de Goedel um permanecer encoberto quando fora da sua esfera de conhecimento, ficando assim não aberto à verdade se não a própria razão instrumental, de maneira que o que antes era um sistema escrupulosamente explicitado por ingredientes e mecanismos da linguagem matemática, agora não seriam mais impermeáveis às estratégias ideológicas. A não aproximação da teoria crítica da teoria matemática de Goedel - com a sua destruída autonomia - vemos como mais uma estratégia horkheimeriana, desta feita equivocada porque estabelecida com o objetivo da não aproximação do que Horkheimer julga epifenômeno da razão instrumental. Com Horkheimer a teoria crítica perde a oportunidade de atuar na esfera matemática e evitar a sua neutralidade, não à base de uma pretensiosa revisão de uma ciência exata que detém as suas próprias regras e fundamentos, mas, sobretudo, num processo crítico que garantiria a sua reflexão dentro do próprio processo matemático, o que evitaria assim a matematização das ciências do espírito tendo como base dados axiologicamente neutros não mais possíveis. A crítica à neutralidade do dado matemático, da física, condicionados apenas pelo aumento da capacidade técnica, dentro do processo instaurado pela teoria crítica, desvelaria as ciências exatas como epifenômeno de uma teoria isolada da realidade, que atravessaria toda a história da lógica à razão instrumental, estabelecida em detrimento da reflexão sobre os seus fenômenos produtores.

Ao desvelar as ciências exatas como epifenômenos da razão instrumental, e ao jogar todas as suas cartas contra a metafísica tradicional, mas, sobretudo contra a teoria da identidade de Hegel e ao insertar a sua teoria de 'verdades no plural', nunca tendente à unidade, à síntese, Horkheimer nada garantiria, com relação ao tipo de uso atribuído as ciências exatas dentro de uma esfera de verdade, como uma verdade participante daquele plural.

Por outro lado, a verdade no plural, não unificada seria a base de uma síntese no absoluto, à matemática, por exemplo, sendo negada a possibilidade de ser um sistema auto fundamentado, como Goedel comprovou, e de estar dentro de uma esfera de verdade incomunicável, devendo então ter definido aprioristicamente os seu elementos deflagradores, não estariam a depender de uma metafísica 'monista' ou dependeria de uma decisão arbitrária de verdades dependentes? Se tal não ocorrer, dentro da teoria crítica, como será possível a sua fundamentação se não estabelecida com base em princípios de comprovação, de métodos e leis?!

Com isso nos vemos levados a um positivismo surdo e pragmático que decorre do pensar de igual maneira uma esfera de verdade e o singular, o que nos força voltar a pensar na possibilidade de uma verdade isolada, na melhor das hipóteses. Na hipótese mais controvertida teríamos a superposição entre o conceito da verdade no singular com uma possível verdade advinda de uma esfera incomunicável, mas esta superposição só pode ser demonstrada como que decorrendo de uma necessária ideia superior e aí não estaremos abrindo o flanco da teoria crítica a crítica, ou ela detém este momento em sua própria ambiguidade estrutural? A teoria crítica assume assim as suas contradições, assume as suas antinomias e perpassando a crítica à doutrina da identidade de Hegel, crítica ao abstrato indeterminado, à forma matemática, desvela necessariamente a possibilidade do dado e do fato neutros, do axiologicamente neutro como impossível.

A postura de Horkheimer ressalta esta impossibilidade e dirá que o problema do axiologicamente neutro se constitui apenas numa fase na qual os meios e os fins estão separados em prol do domínio da natureza e do homem. Dessa maneira temos que a racionalidade dos meios desenvolveu-se junto com a irracionalidade dos fins. A teoria crítica, a nosso ver, paga certo tributo a antinomia e recusa a separação entre valor e conhecimento, e mais, podemos dizer com a sua autorreflexão inconclusa incorpora valores contraditórios sem falsear aparentemente seu conteúdo em prol de uma demonstração da verdade. Valor, conhecimento e norma passam a ser matéria prima não tratada naquele momento pela Escola de Frankfurt; ela o será, muito mais tarde, por Jüngen Habermas, mas antes de isto haverá a Teoria Tridimensional do Direito.

A Ontologia axiológica e gnosiológico jurídica de Miguel Reale

A teoria crítica chega ao Brasil no final dos anos 70, e ela compreende o pensamento marxista latu sensu até a Teologia da Libertação, incluindo também correntes do pensamento comprometidas com a questão social tendo em vista os direitos humanos ([37]).Em termos institucionais engloba movimentos que vão da critica do Direito, de origem francesa ao Direito alternativo da

[37] Oliveira, 2015, p.90;

América Latina passando pelo de procedência italiana. Todos partilham a mesma visão crítica a respeito do direito oficial e trazem o pensamento marxista em geral e da Escola de Frankfurt como chave de aplicabilidade relativamente à condição do palhaço e do louco, categorias utilizadas por Adorno na sua Estética. A experiência de Boaventura de Souza Santos é determinante para o pensamento crítico brasileiro. O trabalho desenvolvido pelo sociólogo português, nas favelas do Rio de Janeiro resultou em uma tese de doutorado defendida na universidade de Yale, com os textos publicados em língua inglesa, nos anos 70 ([38]). Havia um ambiente receptivo para o trabalho de Boaventura de Souza Santos, ([39]), sobretudo porque no Brasil estávamos vivendo o ocaso do regime militar e isto, contra regime havia a difusão do

---

[38]Santos, 1974 – 1979;
[39]Oliveira, 2015, p. 92;

pensamento marxista, mesmo por conta de uma forte vigilância das forças repressivas. Por outro lado ainda floresciam alguns outros movimentos críticos adotando o materialismo histórico como principal fonte teórica e a escola de Frankfurt como paradigma cultural geral. Outro movimento da critica ocorreu com base na obra de Michel Miaille, 1979, Uma introdução a Crítica do Direito, que utilizava um procedimento desconstrutivo a partir de um livro analiticamente sofisticado ([40]). O que faz Miaille é levar a hipótese enunciada por Marx até os conceitos fundamentais do Direito em si, e Oliveira, 2015, citando Miaille diz:

> *A troca de mercadorias, que exprime, na realidade, uma relação social – a relação do proprietário do capital com os proprietários da força de trabalho-, vai ser escondida por relações livres e iguais, provindas aparentemente apenas da vontade*

---

[40]Ibidem, 2015, p. 92;

> *dos indivíduos independentes. O modo de produção capitalista supõe, pois, como condição do seu funcionamento, a atomização, quer dizer, a representação ideológica da sociedade como um conjunto de indivíduos separados e livres. No plano jurídico esta representação toma a forma de uma instituição: a do sujeito de direito (Oliveira, 2015, p. 92/93 apud Miaille, 1979, p.111).*

Neste contexto histórico surge também a Nova Escola Jurídica Brasileira de Roberto Lyra Filho, professor da Universidade de Brasília, mas deve-se também mencionar o ***Direito Insurgente***, do advogado Miguel Pressburger. O caso de Lyra Filho, um nome importante ainda hoje na teoria crítica do direito, existe uma preocupação determinada de o que fazer enquanto jurista, dentre o que Lyra chama de: 'positivação (...) dos princípios libertadores' ou seja, fazer do direito um instrumento de luta de modo a fazer com que a historicidade dialética da liberdade se de com seu avanço sobre a necessidade. Há que destacar também que segundo Oliveira, 2015, Lyra Filho se posiciona em verdade como um jusnaturalista de esquerda de cepa convencional. Mas a crítica, a teoria crítica, em verdade teve seu maior suporte de sustentação na área do direito quando da obra de Boaventura de Souza Santos, que revelou a existência do 'Direito de Pasargada'[41], de um pluralismo jurídico até então nunca visto, mas que de fato expunha o que a crítica haveria de postular como possibilidade da diversidade das convivências dispares de mesmo foco e matiz, mas com pseudo raízes distintas. Frente à pluralidade de ideias, mas que se manifestavam como muitas em sendo apenas umas poucas

---

[41] Este trabalho faz alusão a Poesia de Manuel Bandeira intitulado:
Vou-me Embora pra Pasargada de Manuel Bandeira (http://www.releituras.com/mbandeira_pasargada.asp acessado em 11/04/2016 a 1h:04m)

surge Miguel Reale (1910 – 2006) que reconhece a existência de ordenamentos jurídicos não estatais vigendo no interior da ordem jurídica oficial do que são exemplos o Direito Canônico, o Direito Internacional Privado, os estatutos esportivos que se multiplicaram e de associação de classe. A busca de os juristas pelo pluralismo jurídico leva de fato a fenômenos descritos como que constituindo outro direito que de sorte são tomados em consideração relativamente ao sistema global e, portanto de certa maneira integrados a ele ([42]).

A expressão então da Teoria Crítica de Miguel Reale teve a sua maturação no tempo e ela se da pela constituição do que se veio a conhecer como a 'Teoria Tridimensional do Direito' que é

---

[42]Carbonnier, 1979, p. 220;

uma teoria jurídica, conhecida e reconhecida internacionalmente. Por essa teoria Reale teria superado o normativismo jurídico que prevalecia nos meios acadêmicos e jurisprudenciais de sua época, utilizando a crítica e demonstrando assim, que o fenômeno jurídico esta relacionado a um fato social, recebendo uma carga de valores determinados, antes mesmo de tornar-se norma. Ao estabelecer a origem do fato, em um valor que não está expresso a priori, mas necessita ser identificado na sociedade, Reale estabelece um processo de interdependência entre o Fato, que é o elemento precedente, o Valor que é o atributo identificado que resulta então na Norma, como resultado. No entanto, há que destacar que Reale identifica no valor humano algo inegociável e radicalmente sem valor de atribuição, sendo antes um a priori radical, tal como Kant determinou, um imperativo categórico que per si determina a condição de ser humano como algo que ele deverá confrontar realizando para si mesmo e em si mesmo o que deseja para o outro, atuando efetivamente a partir de uma necessária decisão fundada em um ato moral. Mas os elementos distintos são dialeticamente ordenados, tal como uma tese, antítese e síntese, em seus diferentes momentos, mas interligados entre si, explicariam a possibilidade de essência, enquanto síntese do fenômeno jurídico. Em determinada circunstância Reale aparece como um fenomenologista Husseliano, e de certa maneira, se o esforço intelectual fosse levado à superação da Teoria Crítica, à condição de verificação existencial, em certa medida, mas ontofenomenologicamente determinada por Heidegger (Ser y Tiempo, 1984) e a sua superação ainda em Karl Otto Apel. Se a teoria do direito de Miguel Reale representa uma contribuição importante para a ciência do Direito, ela em si não é levada, a não ser forçosamente a uma nova ontologia jurídica. Afirmar que a teoria de Reale demonstra a existência de um estreito vínculo entre a dimensão ontológica (fato que revela o ser jurídico), a dimensão axiológica (que valora o ser jurídico), de fato superlativisa esta mesma teoria atribuindo-lhe uma condição gnosiológica.

Do Culturalismo no Brasil a Miguel Reale

Mas o pensamento jurídico de Miguel Reale apresenta uma origem tendo em vista o que se chamou de culturalismo. Ocorre que antes do culturalismo sentar raízes na brasilidade tendo em vista alguns expoentes que trataram, por exemplo, o Brasil de forma determinada e estou a me referir a '***Historia Social do Brasil'*** de Pedro Calmon, '***Viagens no Interior do Brasil'*** em dois volumes de João Pedro Pohl, a Conquista de Guarapuava de Azevedo Macedo.([43]) O também publicado: Raízes do Brasil de Renato

Augusto Martins ([44]). No campo do folclore, de Almeida Prado temos 'Baile Pastoril', mas é no '***Existencialismo'*** de Alceu Amoroso Lima que é marcada uma postura filosófica também determinada que nunca andou longe das crenças religiosas. Na escala brasileira, é considerado Tobias Barreto um filósofo, mas cabe mencionar os seus '***Estudos de Direito'*** reimpressos em Salvador que se vinham juntar aos '***Primeiros Trabalhos'*** e aos ***'Discursos Parlamentares',*** que juntamente com a obra de Rui Barbosa, mediatizadas pelo '***Pequeno Dicionário da Língua Portuguesa***', nos conduz aos estudos do conto Cearense no título '***Evolução e Natureza do Conto Cearense'***, por J. Braga Montenegro, publicado em Fortaleza; bem como a 'Pequena Bibliografia Crítica da Literatura Brasileira, indispensável

---

[43]Martins, 1996, p. 300;
[44] Ibidem, 1996, p. 300;

instrumento de trabalho de Otto Maria Carpeaux ([45]). A escola do Recife em decorrência de Tobias se consubstancia e posteriormente será aperfeiçoado, se é que assim podemos afirmar, por Silvio Romero tendo em vista que o primeiro rompia aparentemente com a visão normativista do Direito e também se opunha ao jusnaturalismo. Mas o campo cultural brasileiro formulou analises e visões tais como a de Darcy Ribeiro (1922 – 1997), com '***Os Brasileiros'*** publicado primeiramente em 1969 em Montevidéu, que era o IV volume que tinha como primeiro, '***O Processo Civilizatório'*** de 1968, '***As Américas e a Civilização'*** de 1970; '***O Dilema da América Latina'*** de 1971, e '***Os Brasileiros'*** de 1969. Cabe destaque que '***Os Índios e a Civilização***, foi publicado em 1970. A Obra de Darcy Ribeiro apresenta-se como um esforço

[45]Ibidem, 1996, p. 301;

significativo na busca de entender a formação brasileira e das Américas, é um mosaico construído aparentemente tendo em vista um ordenamento caótico que a obra adquire uma compreensão que dará entendimento a visão antropológica de Ribeiro. Cabe destaque também para aobra '***Raízes do Brasil***' de Sergio Buarque de Holanda (1902 –1982), publicada em 1989 postumamente, é um livro curto, discreto, de poucas citações, que, no entanto seu êxito de qualidade foi imediato e ele se tornou um clássico de nascença, conforme afirmou Antônio Candido, na contracapa da edição de alçamento. Miguel Reale (1910 – 2006), por sua vez, é intermediário em termos de data de nascimento entre Buarque de Holanda nascido em 1902, Reale nascido em 1910 e Ribeiro nascido em 1922. Os três fazem parte do processo culturalista brasileiro em que pese à obra significativa e altamente imbricada em desvelar a realidade brasileira, os três fazem parte da geração influenciada pelo pensamento marxista, mais presente na obra de Darcy Ribeiro, mais sutil na obra de Buarque de Holanda, e, sobretudo marcado por uma postura pragmática e formacional, atenta a lide judicialiforme frente a qual produziu uma obra de porte.

Se a Escola do Recife foi o berço do Culturalismo Jurídico no Brasil, em São Paulo foi adepto de ela, por exemplo, Oswald de Andrade, dentre outros. Miguel Reale, por sua vez, no seu primeiro trabalho, o 'Estado Moderno' lançado com epígrafe de Alberto Torres, em 1933, propunha justamente o pensamento da direita ([46]). A lição de Miguel Reale, coerente e harmônica com o que então se proclamava era muito simples e dizia que o liberalismo estava morto

---

[46]Ibidem, 1996, p. 20;

e havia morrido por ter deixado de ser ideia-força. Havia completado o seu ciclo histórico. Chegara naquela época o nacionalismo dos novos tempos que se chamavam Fascismo, Nazismo, Integralismo e Rooseveltismo. A obra de Reale naquela época se inspirava na Obra de Stalin que os trotskistas já acusavam de social patriotismo. Mas Miguel Reale muito mais do que flerta com o integralismo quando no prefácio do livro de Olímpio Mourão Filho, capitão do exercito, diz: ***'1º A sociedade não proveio de um contrato: o homem, criado por Deus desenvolveu-se espiritual e materialmente em sociedade, para o que foi destinado. Em consequência da igualdade espiritual do homem, todos os indivíduos são moral e politicamente iguais; logo, os que a dirigem o fazem por delegação de todos. 2º O fim da sociedade é a felicidade geral de todos no presente; o culto do passado, e***

a construção do futuro (...) Igualmente politica e moral, justiça econômica e liberdade social dos seus membros. Esta será a sociedade integral' (47).

Antes Reale destaca e põe em epígrafe as palavras de Alfredo Rocco quando diz: ***'Lo Stato facista contiene in se gli elementi di tutte le altre concezio ni dello Stato, ma non già, come in esse, in modo unilaterale e qindi errôneo ma in maneira integrale e perció vera' (48).*** Mas restam, sem dúvida, alguns pontos obscuros e difíceis, quais sejam, o hegelianismo latente de Plinio Salgado e o estatismo exagerado de Miguel Reale, mas Alceu de Amoroso Lima não via nessas questões problema para os intelectuais ingressarem nas fileiras integralistas. Em

---

[47]Ibidem, 1996, p. 39 apud Reale;
[48]Ibidem, 1996, p. 20 apud Alfredo Rocco;

síntese, os católicos podiam participar do movimento tal como aqueles que comungavam com ideais de esquerda. Outra questão importante a destacar é que o integralismo, mesmo que nacionalista era um movimento tal qual também o era o Nacional Socialismo e o Fascismo, mas que apesar de o serem detinham aspectos que os tornavam opostos em um momento e aliados em outro tanto. Em 1940, Reale lança a 'Teoria do Direito e do Estado' justo em um momento crítico da sociedade ocidental, mas nove anos mais tarde, Reale lançará um de seus significativos e importantes estudos representados pelo livro '***A Doutrina de Kant no Brasil'*** *([49])*. Como jurista Reale já marcara o seu lugar, e como filósofo o fazia, mas também demarcava a sua posição pelo viés da teoria crítica. No ano de 1978, Reale lança os '***Estudos de Filosofia e Ciência do***

---

[49]Martins, 1996, p. 278;

Direito', que divide influência neste ano com Euryalo Canabrava e os seus '***Elementos de Metodologia Filosófica'* e *'Introdução a Filosofia Científica'*** *([50]).*

[50] Ibidem, 1996, p. 376;

A Teoria Tridimensional do Direito e a Teoria da Justiça de Miguel Reale.

A Teoria Tridimensional é vista como que sendo a principal contribuição de Miguel Reale e é vista tendo como paradigma, sobretudo a Crítica que entendemos como que sendo a Teoria Crítica de viés frankfurtiano, que haveria de chegar à academia por intermédio da Universidade Federal de Santa Catarina, mas ela não contamina Reale, um já sólido intelectual, sobretudo pela experiência de Reale tendo em vista o culturalismo. Por outro lado há que considerar importante também a ascendência italiana de Reale por conta de permitir a partir de isto a interrelação cultural com a Itália Fascista e o Integralismo de Plinio Salgado, hegeliano por essência. Para a Teoria Tridimensional do Direito as postulações hegelianas são chave de determinação como também ocorre com a moral Kantiana. A dimensão ontológica proposta por Reale demarca o sentido integrador que se utiliza da dialética hegeliana, e mira a ruptura da identidade hegeliana por sua vez, de viés clássico. A 'Teoria Tridimensional do Direito' ao estabelecer a origem do fato, em um valor que não esta expresso a priori, mas necessita ser identificado na sociedade, Reale estabelece um processo de interdependência entre o Fato, que é o elemento precedente, o Valor que é o atributo identificado que resulta então na Norma, como resultado. Por essa teoria Reale teria superado o normativismo jurídico que prevalecia nos meios acadêmicos e jurisprudenciais de sua época, utilizando a teoria crítica sim, de maneira estratégica e tática, e demonstrando assim, que o fenômeno jurídico está relacionado a um fato social, recebendo uma carga de valores determinados, antes mesmo de tornar-se norma. A melhor demonstração que se pode estabelecer da Teoria Tridimensional do Direito esta expressa na sua Teoria da Justiça, contida nas ***LIÇÕES PRELIMINARES DE DIREITO***, 2001 ([51]). Nela Miguel Reale demonstra a maturidade de seu pensamento.

Situa Reale, inicialmente, a sua Teoria Tridimensional do Direito que nos leva a uma Teoria da Justiça determinada, lançando farpas ao clássico posicionamento marxista, aos adeptos ao direito

[51] Reale, LIÇÕES PRELIMINARES DE DIREITO, 25ªedição, 22ª tiragem, 2001, p. 351, 352 e 353;

natural, o jusnaturalismo, identificando a sua superação e antevendo a supremacia de outras correntes com destaque a também criticada por ele, a postura neopositivista ou neo empirista, que é dita em primeiro lugar como o que segue:

> *Se considerarmos o pensamento jurídico atual, verificamos que, ao lado do marxismo, fiel ao seu economismo essencial, ou dos adeptos do Direito Natural de tradição tomista, com todas as suas variantes, duas novas posições vieram se destacando de maneira mais significativa. Em primeiro lugar, os neopositivistas ou neo-empiristas consideram que não se pode dizer que a procura do fundamento do Direito corresponda a um problema: a justiça é antes uma aspiração emocional, suscetível de inclinar os homens segundo diversas direções, em função de contingências humanas de lugar e de tempo. Sendo impossível decidir-se por qualquer delas com base em dados verificáveis, a justiça é, do ponto de vista da ciência, um pseudoproblema, o que não impede que,*

> *do ponto de vista da Moral, seja uma exigência de ordem prática, de natureza afetiva ou ideológica (Reale, 2001, p. 351).*

Tratando a questão da justiça, tendo em vista a busca de uma postulação radical, Reale a dita tendo em vista não poder ser nem uma aspiração emocional, nem uma contingência, nem por sua vez um ponto de vista moral. A postura neo-positivista, inclusive é indicada como que tendo sido superada por Kelsen quando Reale Afirma: *'Antes dos neo-positivistas, e antecipando-se a eles, também Kelsen viu na justiça uma questão de ordem prática, insuscetível de qualquer indagação teórico científica. No plano teórico, só se pode falar em fundamento, ao vir de Kelsen, em termos puramente lógicos, para se explicar o pressuposto da validade dessa ordem escalonada de normas que é o Direito, de conformidade com a sua teoria da "norma fundamental", à qual já nos referimos. Pois bem, se há os que contestam a possibilidade de uma teoria da justiça, nunca esta logrou atingir contornos tão vivos e originais como em nosso tempo, sobretudo à medida que vieram adquirindo maior profundidade os estudos de Axiologia ou Teoria dos Valores'* [52].

Ao tratar, uma possível saída para a Teoria de Justiça que propugna, tendo em vista a axiologia e a teoria dos valores surge um dos primeiros fundamentos da sua Teoria Tridimensional do Direito que sustentará a sua Teoria da Justiça, onde o valor passa a ser um dos fundamentos e possivelmente o elemento central que sustenta a tríade: fato valor e norma. Que eles sejam articulados dialeticamente, isto é um fato determinado pela escolha do método.

---

[52] Reale, 2001, p. 351.

Com isto, há uma relação dialética convergente entre os três elementos centrais. Assim,surge o fato que aparece como a tese a ser contraposta pela valoração humana a antítese, surgindo então a norma, a síntese. Aqueles que afirmaram de certa maneira a existência de uma negação de Reale com relação dialética jamais compreenderam a postulação metodológica e a estratégia dos frankfurtiano. Essa estratégia consistia na negação da teoria da identidade hegeliana, tal como Marx a propugnou, a negação de direção do processo totalizante dialético e a escolha de um procedimento sistêmico, dialético sim. É uma escolha sistêmica não sistemática, que resguarda o legado marxista e frankfurtiano. A Teoria tridimensional do direito, não buscando ser totalizante é direcionada ao valor humano como fundamento. Para o filósofo, para o sociólogo e para o filósofo do direito, este é um procedimento de constituição identitária pessoal e comunitária, e de certa maneira, Reale adota um principio comunitarista como chave de solução. Se afirmarmos que Miguel Reale deva ser visto dentro da vertente do culturalismo político há que render homenagem a sua origem integralista e hegeliana, mas a obra de Reale mostra algumas facetas de superação e sua origem ó longínqua relativamente ao resultado que sua obra atinge.

Com isto, o método é claro, é o método dialético e jamais será uma metodologia que reduz o resultado a uma ação dependente. O método é o dialético e o todo é a sociedade dos homens com seus apriorismos. Daí a postulação Kantiana que sustenta os seus procedimentos axiológicos, plasmados pela natureza humana com seu viés psicológico e sociológico onde os valores são aparentemente subjetivos. Tendo em vista isto Reale investe para a complexa condição da sociedade contemporânea quando trata da capacidade investigadora daqueles a quem é dada a condição de vê-las e decidir sobre ela, o intelectual como funcionário, e diz então, tratando da axiologia:

> *Originando-se de múltiplas fontes inspiradoras, a partir de estudos de natureza psicológica ou sociológica, bem como da Filosofia dos Valores, é inegável que a Axiologia, em nossos dias, sob a influência de pensadores e cientistas das mais diversas tendências, desde fenomenólogos a pragmatistas, de existencialistas e neocontratualistas a culturalistas, se desenvolve em dois planos: um filosófico, sobre os valores em si mesmos ou em sua objetividade, sendo esta concebida de diversos modos; e um outropositivo, relativo às "experiências valorativas", à sua estrutura, condicionamento social,*

suas inter-relações etc. (Reale, 2001, p. 352).

A questão valorativa, devido a isto passa a ser elemento mais do que substantivo e confrontando o tanto que haveria de ser colocado como que sendo volátil na sociedade contemporânea, haveria de ser elemento maior, presente na vertente constitucional tornada concreta em 1988 e mais do que isto, chave de determinação de experiências valorativas que se opunham em certa medida e se mostravam complementares em outra medida. E estou me referindo a postulação de proximidade entre o totalitarismo de direita e o totalitarismo de esquerda, onde ambos em nada eram democráticos e mais do que isto, mesmo concebendo fins aparentemente diversos, eram iguais nos meios e próximos em ação como o foi à postulação Integralista da qual Reale participou mesmo sendo próximo das visões marxistas de sociedade. Mas, sobretudo Reale era um hegeliano por princípio como de sorte todo marxista o é, e tratando ainda dos processos axiológicos ele dirá:

> *É no âmbito da Axiologia, como um de seus temas capitais, que se situa, pois, a teoria da justiça.Partindo-se da observação básica de que toda regra de Direito visa a um valor, reconhece-se que a pluralidade dos valores é consubstancial à experiência jurídica. Utilidade, tranquilidade, saúde, conforto, intimidade e infinitos outros valores fundam as normas jurídicas. Estas normas, por sua vez, pressupõem outros valores como o da liberdade (sem o qual não haveria possibilidade de se escolher entre valores, nem a de se atualizar uma valoração in concreto) ou os da igualdade, da ordem e da segurança, sem os quais a liberdade redundaria em arbítrio. A nosso ver, a Justiça não se identifica com qualquer desses valores, nem mesmo com aqueles que mais dignificam o homem. Ela é antes a condição primeira de todos eles, a condição transcendental de sua possibilidade como atualização histórica. Ela vale para*

> *que todos os valores valham. Não é uma realidade acabada, nem um bem gratuito, mas é antes uma intenção radical vinculada às raízes do ser do homem, o único ente que, de maneira originária, é enquanto deve ser. Ela é, pois, tentativa renovada e incessante de harmonia entre as experiências axiológicas necessariamente plurais, distintas e complementares, sendo, ao mesmo tempo, a harmonia assim atingida. A dialética da justiça é marcada por essa intencionalidade constante no sentido da composição harmônica dos valores, sendo esta concebida sempre como momento de um processo cujas diretrizes assinalam os distintos ciclos históricos (Reale, 2001, p. 352).*

A solução de Reale retira da sua teoria tridimensional do direito e consequentemente a sua teoria da justiça do predomínio das qualidades subjetivas, do hábito e do predomínio das concepções naturalistas e para tanto afirma: '*Cada época histórica* *tem a sua imagem ou a sua ideia de justiça, dependente da escala de valores dominante nas respectivas sociedades, mas nenhuma delas é toda a justiça, assim como a mais justa das sentenças não exaure as virtualidades todas do justo. Pode dizer-se que, na história da teoria da justiça, desdobram-se (...) foi ela vista como uma qualidade subjetiva, uma virtude ou hábito, tal como ficou expresso no lapidar enunciado dos jurisconsultos romanos, inspirados na tradição voluntarista de sua gente e nas lições da Filosofia estóica: '***contansac perpetua voluntas unicuique suum tribuendi'*** *(vontade constante e perpétua de dar a cada um o que é seu). Depois, com o predomínio das concepções naturalistas, a justiça passou a ser vista de forma objetiva, como realização da ordem social justa, resultante de exigências transpessoais imanentes ao processo do viver coletivo. Não há,* *porém, como separar a compreensão subjetiva da objetiva, consoante já o advertia Platão, o senhor das intuições mais altas: "não pode haver justiça sem homens justos' ([53]).*

Mas a visão de Miguel Reale não é pautada por um viés intuitivo, pois detém relação de dependência com a razão, pois nela funda os seus desígnios, seguindo a razão explicitamos a partir da critica e completamos a constituição de sua visão como expressão e reflexão da sociedade existente após a grande ruptura ocorrida no mundo, marcada pela 2ª Grande Guerra. O pretexto inicial de constituição de sua teoria era determinado em direção à construção de uma identidade de pais o que se deslocou radicalmente com a ruptura indicada e após isto a dualidade imposta pela guerra fria. O nada e o tempo, sartreano e heideggeriano oscilavam enquanto

[53]Reale, 2001, p. 352.

existencialismo e ontofenomenologia, mas o que se via de fato na construção da sociedade pós 45 era a existência de conflitos surdos de onde a fenomenologia e a ontofenomenologia mesma emergiam. Reale isto confirma quando faz referencia a Husserl, quando diz:

> *Na realidade, vista apenas como virtude ou vontade de dar a cada um o que é seu, fica-se à metade do caminho, mesmo porque o seu de cada um somente logra sentido na totalidade de uma estrutura na qual se correlacionem, deste ou daquele modo, o todo e as partes. Vistas, ao contrário, apenas na sua extrapolação objetiva, a ordem justa pode ser mera justaposição mecânica de interesses, segundo critérios de medida impostos à subjetividade humana, esquecendo-se que esta, consoante ensinamento fundamental de Husserl, é a fonte doadora de sentido à realidade, a força primordial que converte em humano tudo aquilo que se volta a sua intencionalidade.Eis, por conseguinte, como e por que a justiça deve ser, complementarmente, subjetiva e*

> *objetiva, envolvendo em sua dialeticidade o homem e a ordem justa de que ele instaura, porque esta ordem não é senão uma projeção constante da pessoa humana, valor-fonte de todos os valores através do tempo (Reale, 2001, p. 352 / 353).*

Se a afirmação de Reale trata a possibilidade relacional da subjetividade e da objetividade estarem envolvidas dialeticamente, dai utilizamos os conceitos de Aristóteles e diremos que o entendimento da obra e manifestação de Miguel Reale, que ela está pautada por intermédio de a intuição racional, mesmo que para a maioria dos leigos esse espaço de construção mental possa se mostrar como 'una expresión contraditória em sí misma' ([54]). *A intuição racional estende-se por um lado a todas as naturezas ou as coisas sensíveis, por outro, do conhecimento das ligações*

---

[54] Mora, 1951;

necessárias entre elas e, finalmente, a todas as demais coisas cuja existência, quer em si mesmo, quer em imaginação, o intelecto constata com precisão, ([55]).

Chamamos também de intuição racional o processo por meio da qual nos transportamos para o interior dos conceitos pelo jurista filósofo utilizados e buscamos assim perceber aquilo que nele é único e, portanto inexplicável e inexprimível, tal qual Bergson mostrou ([56]). Coincidindo com isto Reale vai mais além e busca desconstituir as postulações Neo Kantianas de John Rawls, o que desta feita nos parece insuficiente como argumentação, pois, ele próprio fundamentando a sua moral e o sentido axiológico da sua teoria tridimensional em Kant, gera petição de princípio

---

[55] Reale, 1990, p. 365;
[56]Ibidem, 1991, p. 714;

desarticulando assim as suas próprias concepções. Mas ele mesmo assim afirma:

> *É a razão pela qual entendemos insuficiente, não obstante os seus méritos, a compreensão neocontratualista da base kantiana que nos oferece J. Rawls, com paradigmas que seriam necessários à legitimidade da experiência jurídica, como, por exemplo, a imparcial, potencial e proporcional correlação que deve haver entre os direitos de um e de outros. São princípios referenciais úteis à focalização do tema, mas que nos deixam no vestíbulo da ordem justa. A justiça em suma, somente pode ser compreendida plenamente como concreta experiência histórica, isto é, como valor fundante do Direito ao longo do processo dialógico da história (Reale, 2001, p. 353).*

Mas a postulação de Reale, evidente e claramente compreendida não pode ignorar a grande contribuição de Rawls em que pese o entendimento e a fundamentação das sociedades contemporâneas, sobretudo no ocidente, que tem em John Rawls, 2000, base fundamental para a discussão do que seria uma teoria da justiça, no seu "Uma Teoria da Justiça". Este trabalho foi balizador das condições de equidade que as sociedades possibilitam para que os conflitos sejam mitigados, reduzidos ou mesmo inexistam. Mais do que isto também destacamos a soberba contribuição proposta em o "Direito dos Povos" (Rawls: 1999). Feita esta ponderação encaminhamos a contribuição radical de Reale tendo em vista a única categoria restante e que fundamenta a postura dele como a de um humanista radical e isto se confirma como segue:

> Em virtude dessa conexão essencial entre história e justiça, pode-se dizer, em pretensão de ter-se alcançado uma idéia definitiva de justiça, que esta

> implica "constante coordenação racional das relações intersubjetivas, para que cada homem possa realizar livremente seus valores potenciais visando a atingir a plenitude de seu ser pessoal, em sintonia com os da coletividade". É por todas essas razões que cumpre reconhecer que a justiça, condicionalmente de todos os valores jurídicos, funda-se no *valor da **pessoa humana**, valor-fonte* de todos os valores. Ambas devem ser consideradas "**invariantes axiológicas**", conforme estudo inserto em meu livro *Paradigmas da Cultura Contemporânea* (Reale, 2001, p. 353).

A teoria tridimensional da justiça e a Teoria da Justiça de Miguel Reale, fundada na dialética marxista, nos fundamentos na escola de Frankfurt, na postulação hegeliana de fundo dialético sistêmico, mas não sistemático e na moral kantiana, é humanista como opção e nunca materialista em qualquer cepa das suas assertivas. Funda os seus propósitos no valor fonte radical, qual seja – a pessoa humana, destituídas de qualquer invariante axiológica é petição de princípio de radicalidade e mais do que isto é postulação pétrea de pensamento e ação.

Considerações Finais

Afirma Miguel Reale que 'pessoa humana', apresenta-se como valor-fonte de todos os valores. Ambas devem ser consideradas "invariantes axiológicas". A radicalidade imposta por essa categoria coloca em cheque tudo o mais. Frente a isto, os estudos de Darcy Ribeiro (1922 – 1997), com '***Os Brasileiros'*** publicado primeiramente em 1969, '***O Processo Civilizatório'*** de 1968, '***As Américas e a Civilização'*** de 1970; '***O Dilema da América Latina'*** de 1971, e '***Os Brasileiros'*** de 1969 e '***Os Índios***

e a Civilização, publicado em 1970, bem como a obra '***Raízes do Brasil'*** de Sergio Buarque de Holanda ganham relevância de Panteões da Pátria, apenas para citar alguns poucos estudiosos do povo brasileiro. A dimensão do humano e da realidade dos estudos dos antropólogos e historiadores mostram a complexidade do humano que na nossa terra foi forjado, mas isto é circunstancial em esse trabalho. Não é nada circunstancial a escolha da categoria da pessoa humana como fundamento da Teoria tridimensional do Direito e da Teoria da Justiça exposta na obra de Reale.

Concluir este trabalho sem incorrer em petição de principio nem hipostasiar uma condição de análise é tarefa que apenas é marcada pela derribagem de a teoria crítica. O duplo da verdade burguesa se vê confirmado por um lado e em cheque por outro lado. Isto afirmamos por conta de a Teoria Crítica querer salvar a condição humana e a diversidade estabelecendo alguns antiparadigmas como referência. O palhaço e o louco são sua matéria prima, e a verdade burguesa se vê diante de isto. No entanto o que percebemos foi que a escolha da pessoa humana como télos, coloca um devir em esta dimensão o que reintroduz a teoria da identidade retirando do absoluto e de deus o fim e colocando no homem dimensionado como pessoa à direção que o movimento dialético deverá ser orientado. O Logus apofânticos passa a ser então fundação de princípio, à capacidade de afirmação e negação será a chave e a lógica com base na categoria ultima será a fundação que equilibrará a nossa sociedade. A circunstância de existir um novo antropocentrismo, como que sendo o homem a medida de todas as coisas é um risco que corremos, um risco iluminista diria Max Horkheimer, mas um risco que nos coloca na condição dos direitos da pessoa à realização do devir das sociedades.

Com isto confrontamos a direção de escolha indicada por Aristóteles, relativamente ao uso de as teorias tradicionais da verdade como chave em que pese nos permita entender o sentido dos procedimentos de Reale como fundamentos metódicos aos que se soma a dialética à Teoria Tridimensional da Justiça e à Teoria da Justiça de Miguel Reale. Afirmamos isto tendo em vista que a relação de uso de estes instrumentos também é chave de fundamento para atender a correlação entre o dizer da verdade e a expressão da sentença. A Teoria aristotélica permite ver como Reale pode relacionar programa e forma social com vista a um resultado que atenda o pressuposto inicial, o diagnóstico que tem o homem, a pessoa humana como como fundamento e cláusula pétrea. Da mesma forma com que Aristóteles atua, com o sentido abrangente e incontestavelmente sistematizador do pensamento grego onde a verdade e suas possibilidades, a teoria do conhecimento, os modelos de análise, a ética e a prudência articulam os fundamentos do pensamento ocidental, Reale também o faz sem esquecer ainda de enfatizar a importancia de Kant relativamente a moral e também, e sobretudo, Platão, que indica a virtude como chave da ação dos homens de estatura pública.

O caminho apontado por Reale nos leva tanto a poética, como a política onde ele refaz o sentido de aproximação da alma, da verdade, na poética e nas coisas da poesia, da arte e da ciência do direito, aos conceitos necessários e suficientes para compreender o pensamento ocidental e latino americano, quando trata do homem e das suas necessidades mais e menos radicais, aplicando efetivamente o processo axiológico na definição de verdades necessarias. Com isto as coisas da 'Mímesis', da 'Catarses' e da 'Falta Trágica', ao 'logos apofânticos' o que nos leva então a condição de enunciarmos os conteúdos do que é autêntico e que se encontra a si mesmo. Essa chave aparentemente enigmática fundamenta o conjunto de condições radicais em que pese à verdade ser à base da existência autêntica quando vista e interligada a produção das coisas do direito e da justiça em um exercício que se manifesta pelo uso dos meios e dos princípios fundados em uma consciência de si mesmo, quando utilizado como lente de observação da sociedade e da pessoa humana como chave de tudo o que é possível para o homem.

Bibliografia

ADORNO, Theodor Wilhelm. *Estética*. Lisboa: Edições 70, 1989.

ADORNO, Theodor Wilhelm. *Mínima Morália.* São Paulo: Editora Ática, 1993.

ADORNO/ HORKHEIMER. *Dialética do esclarecimento.* Rio de Janeiro: Editor Jorge Zahar, 1985.

ADORNO/ HORKHEIMER. *Textos Escolhidos.* Rio de Janeiro: Editora Nova Cultural, 2000.

ALBERICO, Giusepper, Historia dos Concílios Ecumênicos, Editora Paulus, São Paulo, 2011.

ALMEIDA, Vieira. *Lógica Elementar*. Coimbra: Editora Américo Amado, 1961.

ALMOYNA, Júlio Martínez, 1988, Dicionário de Espanhol-Português, Porto, Porto Editora.

ALSINA, *El Pensamiento griego Arcaico*. Madrid: s/editora, s/data

AMENGUAL, Gabriel, La Filosofía del Derecho de Hegel como Filosofía de la Libertad, 1988 Ed. *Taula.*

ANDERSON, Perry. *Considerações Sobre o Marxismo Ocidental*. São Paulo: Editora Brasiliense, 1989.

ANDORNO, R. (1998). Bioética y dignidad de la persona. Editorial Tecnos. Madrid.

APEL, Karl-Otto. *La Transformación de la filosofía*. Madrid: Editora Taurus, 1985.

APEL, Karl-Otto. *O Desafio da Crítica total da razão e o programa de uma teoria dos tipos de Racionalidade.* São Paulo: Revista CEBRAP, p.67 a 84, n.23, março de 1989.

APEL, Karl-Otto. *Una Ética de la responsabilidad en la Era de la Ciencia.*Buenos Aires: Editora Almagesto, 1992.

ARANTES, Otília, 2001, Urbanismo em fim de linha, São Paulo, EDUSP.

ARAUJO SANTOS, Francisco de. *Emergência da Modernidade.* Petrópolis: Editora Vozes, 1990.

ARISTOFANE. *Le Nuvole - Le Rane*. Milano: Società Editrice Sonzogno, 1908.

ARISTOFANES y MENANDRO. *Comédias Completas, As Vespas.* Madrid: Aguilar, 1979.

ASSOUN, Paul-Lourent. *A Escola de Frankfurt*. São Paulo: Editora Ática, 1991.

BACHELARD, Gaston. *A psicanálise do Fogo*. Lisboa: Editora Litoral,

1989.

Barretos, T. Cit. Por Antônio Paim – Importância e Limitações da obra filosófica de Tobias Barreto in

Barretos, T. *Estudos de Direito, in Obras Completas.* Brasília: Gráfica Alvorada Ltda. pg.444.

BAUDOIN, Charles. *Psicoanálisis del Arte.* Buenos Aires: Editora Psique, 1955.

BERRY, Bryan. La justicia como imparcialidad. Buenos Aires: Editorial Paidós, 1997.

BERRY, Bryan. Theories of Justice: a treatise on social justice. Volume 1. Berkeley: University of California Press, 1989.

BESSE, Guy e Maurice Caveing. PULITZER Princípios Fundamentais e Filosofia, Ed Hemus, São Paulo, 1995.

Bezerra, Alcides. *Ensaios de crítica e Philosophia.* Parahyba do Norte: Imprensa Oficial, 1919, pg. 127.

BILBENY, Norbert. *Filosofia Contemporânea a Catalunya.*Barcelona: Editora Punt / Edhasa, 1985.

BLANCO, Pablo Lopez. *La ontología jurídica de Miguel Reale*. São Paulo: Saraiva, 1975, pg. 61/ 62.

BLEICHER, Josef. *Hermenêutica Contemporânea.* Lisboa: Edições 70, 1992.

BONAVIDES, Paulo, Curso de Direito Constitucional. São Paulo, Ed. Malheiros, 2003.

BRAGE CAMAZANO, J. (2005). Los límites a los derechos fundamentales en los inicios del constitucionalismo mundial y en el constitucionalismo histórico español. Universidad Nacional Autónoma de México. México, D.F

BRANDÃO, Junito de Sousa. *Mitologia Grega.* Petrópolis: Vozes, 1994.

BRAS, Gérard. *Hegel e a Arte*. Rio de Janeiro: Jorge Zahar Editor, 1990.

BUSTAMANTE, Laura Pérez, Hacia una nueva técnica legislativa, El ejemplo ambiental, Buenos Aires, Editora FEDYE, 2013.

BUSTAMANTE, Laura Pérez, Los Derechos de la Sustentabilidad, Desarrollo, consumo y ambiente, Buenos Aires, Editora Colihue, 2007.

CANOTILHO, J. J. Gomes, Direito Constitucional e Teoria da Constituição, Coimbra, Ed. Almadina, 1999.

CARRIO, M.E. y otros (1995). Interpretando la Constitución. Ediciones Ciudad Argentina. Buenos Aires.

CASSESE A. (1993). Los derechos humanos en el mundo contemporáneo. Editorial Ariel. S. A. Barcelona.

CHOAY, F., 1970, El Urbanismo, Utopías Y Realidades; Barcelona, Editora Blumen.

CIRNE-LIMA, Carlos Roberto Velho. *Sobre a Contradição*. Porto Alegre: Edipucrs, 1993.

COHEN, Joshua. For a Democratic Society. In: The Cambridge Companion to Rawls. New York: Cambridge UniversityPress, 2003.

COLLI, Giorgio. *La Sabiduría Griega*. Madrid: Editorial Trotta, 1995.

CORNFORD, Francis M. *Platón y Parménides*. Madrid: Visar, 1980.

CORRÊA, Roberto Alvim, 1965, Dicionário Francês-Português, Rio de Janeiro, Editora Revista dos Tribunais.

CUVILLIER, Armand, 1986, Vocabulário de Filosofia. Lisboa: Editora Livros Horizontes.

DANIELS, Norman (Org.). Reading Rawls, 'Theory of Justice'. Stanford: Stanford University Press, 1989.

DETIENNE, Marcel. *A escrita de Orfeu*. Rio de Janeiro: Jorge Zahar, 1991.

DETIENNE, Marcel. *Os Mestre da Verdade na Grécia Arcaica*. Rio de Janeiro: Jorge Zahar, 1988.

DÍEZ-PICAZO L. M. (2005). Sistema de Derechos Fundamentales. Segunda Edición. Editorial Aranzadi, S.A.

DONNELLY J. (1994). Derechos Humanos Universales. En teoría y en la práctica. Edit. Gernika, S.A. México. D.F.

FARIA, Ernesto. 1956, Dicionário Latino Português. Rio de Janeiro: Editora MEC.

FARINATI, Alícia Noemí, Las filosofías de la Democracia, Políticas de la Desigualdad, Buenos Aires, Editora FEDYE, 2015.

FARITH, S. (2008). Derechos de la Niñez y Adolescencia: De la Convención sobre los Derechos del Niño a las Legislaciones Integrales. Tomo I. Cevallos editora jurídica. Quito-Ecuador

FERNANDES, Francisco e Censo Pedro Luft, 1952, Dicionário de Português, São Paulo, Editora Globo.

FERREIRA, Samir Dessbesel. O Construtivismo Kantiano na Teoria da Justiça como Equidade de John Rawls, Sem Editora, Santa Maria, 2006.

FORST, Rainer, Contextos de Justiça, Editora Rial, São Paulo, 2004.

FOUCAULT. Michel, As Palavras e as Coisas, São Paulo, Ed. Martins Fontes, 2002.

FREIRE S.J., Antônio, 1987, Gramática Grega. São Paulo: Editora Martins Fontes.

GONCHAR, Joann, 2012, Architectural Record, September– Building Envelopes – CEU, Revival of an Icon – The United Nations renovation team brings back the long-faded luster of the Secretariat while satisfying ambitious performance goals, AIA.

GREGORIM, Clóvis Osvaldo, 1989, Moderno Dicionário da Língua Portuguesa, São Paulo, Editora Melhoramentos.

GRUBE, G.M.A., 1987, El Pensamiento de Platón, Madrid, Editora Gredos.

HATJE, G, 1964, Dictionnare de L'Architecture Moderna, Paris, Editora Hazan.

HESSEN, Johannes, 1980, Filosofia dos Valores, Coimbra, Editora Arménio Amado.

HOOFT, P. F. (1999). Bioética y Derechos Humanos. Temas y casos.

Ediciones Depalma. Buenos Aires.

HUERTAS DÍAZ, O. y otros (2007). El derecho a la vida en la perspectiva del derecho internacional de los derechos humanos. Grupo editorial Ibañez. Bogotá.

Kant, Immanuel. *Kritik der Sitten.* Frankfurt: Suhrkamp, 1985. parag. 83, traduçãolivre dos autores.

LURKER, Manfred. 1993, Dicionário dos Deuses e Demônios, São Paulo, Editora Martins Fontes.

Machado Neto, A.L. .*História das idéias jurídicas no Brasil.* São Paulo: Edusp-Editorial Grijalbo, pg. 80

Machado Neto, A.L. .*História das idéias jurídicas no Brasil.* São Paulo: Edusp-Editorial Grijalbo, pg. 102.

MAZZINGHI, J. A. La Interrupción del Embarazo: El Aborto. Tomado de la obra "La Persona Humana" de Guillermo Antonio Borda. Editorial La Ley. S.A.

MIAILLE, Michel, Une introduction critique au droit, Paris, ed Françoise Maspero, 1976.

MORA, Ferrater, 1951, Dicionário de Filosofia. Buenos Aires, Editorial Sudamericana.

MORENTE, Manuel Garcia, 1952, Lecciones Preliminares de Filosofia, Buenos Aires, Editora Losada.

NOZICK, Robert. Anarquia, Estado e Utopia, Zahar Editores, Rio de Janeiro,1974.

OLIVEIRA, Luciano, Manual de Sociologia Jurídica, Petrópolis, Ed. Vozes, 2015.

PEREIRA S.J., Isidro, 1990, Dicionário Grego – Português, Braga, Editora Apostolado da Imprensa.

PÉREZ LUÑO, A. E. (1988). Los derechos fundamentales". 3ª ed. Tecnos. Madrid

PETERS, F. E., 1983, Termos Filosóficos Gregos, Lisboa, Fundação

Calouste Gulbenkian.

PONTUAL, R., 1969, Dicionário das Artes Plásticas no Brasil; Rio de Janeiro, Editora Civilização Brasileira.

REQUEJO CONDE, C. (2008). Protección penal de la vida humana. Especial consideración de la eutanasia neonatal. Editorial Comares. Granada.

RODRÍGUEZ SANABRIA, V. (2007). Estudios acerca del honor como objeto de protección penal. Grupo Editorial Ibañez. Bogotá.

ROMEO CASABONA, C. M. (1994). El derecho y la bioética ante los límites de la vida. Editorial Centro de Estudios Ramón Arece, D.L.

Romero, Sylvio. *Ensaios de Philosophia do Direito.* Rio de Janeiro: J.B. Nunes, 1905, pg. 13.

SCISLESKI, Andrea e Neusa Guareschi, Marginalidade Social e Direitos Humanos, Porto Alegre, Edipuc, 2015.

SILVA, José Afonso da. Aplicabilidade das Normas Constitucionais, São

Paulo, Editora Malheiros, 1998.

SIMON F. (2008). Derechos de la Niñez y Adolescencia: De la Convención sobre los Derechos del Niño a las Legislaciones Integrales. Tomo II. Cevallos, editora jurídica. Quito-Ecuador.

TEMER, Michel. Elementos de Direito Constitucional. São Paulo, Ed. Malheiros, 2001.

Tobias Barreto - *Estudos de Filosofia.* Rio de Janeiro: Instituto Nacional do Livro, 1966, 2 vols., tomo II, pg.

TOCHTROP, Leonardo, 1984, Dicionário Alemão-Português, editora Globo, São Paulo.

TRUYOL Y SERRA, A. (2000). Los Derechos Humanos. Editorial Tecnos. Madrid

VILLAÇA, Flávio, Uma contribuição para a historia do planejamento, São Paulo, EDUSP, 1999.

YUGEL, M., 1983, Urbanismo e Lazer, São Paulo, Editora Nobel.

ZUBARAN, Luiz Carlos, A Cidade em três tempos, Rio de Janeiro, Editora Barra Livros, 2014.

ZUBARAN, Luiz Carlos, A Gênese do Conceito de Verdade na Filosofia Grega, Canoas, Editora da ULBRA, 2004.

Filosofia e Filosofia do Direito

HEGEL, Georg W. F., 1969 (2), Introdução à Filosofia da História, Lisboa, Edições 70.

- ,1969, Enciclopédia das Ciências Filosóficas, em Epítome. 3 volumes, Lisboa, Edições 70.

- ,1983, Estética O Belo Artístico ou o Ideal, Lisboa, Editora Guimarães.

- , 1985, Introducción a La Estética, Barcelona, Ediciones Nexus.

- ,1986, Introdução à História da Filosofia, Rio de Janeiro, Editora Tecnoprint.

- ,1992 (2), Fenomenologia do espírito II, Petrópolis, Editora Vozes.

- ,1992, Fenomenologia do espírito I, Petrópolis, Editora Vozes.

HEIDEGGER, Martin, 1980, El Ser y El Tiempo. México, Ediciones Fondo de Cultura Económica.

- ,1985, Cartas Sobre o Humanismo. Lisboa, Guimarães Editora.

- ,1987, Introdução a Metafísica, Rio de Janeiro, Editora Tempo Brasileiro.

- ,1988, A Essência do Fundamento. Lisboa, Edições 70.

- , 1989, Curso de lo semestre de verano, Friburgo 1941, Madrid, Alianza Universidad.

- ,1990, Origem da Obra de Arte, Lisboa, Edições 70.

- ,1992, O que é uma coisa?, Lisboa, Edições 70.

- ,1993 (2), Ser e Tempo. Porto Alegre, Editora Vozes, Vol. 2.

- ,1993, Ser e Tempo, Porto Alegre, Editora Vozes, Vol. 1.

HORKHEIMER, Max, 1985, Dialética do Esclarecimento, Rio de Janeiro,

Editora Zahar.

- ,Max, 1989, Horkheimer e Adorno, São Paulo, Editora Nova Cultural.

- , 1990, Teoria Crítica 1. São Paulo, Editora Perspectiva.

HABERMAS, Jürgen. 'Reconciliation through the public use of reason: remarks on John Rawls's Political Liberalism. The JournalofPhilosophy, março de 1995, p. 109-131.

- .A inclusão do outro: estudos de teoria política. São Paulo: Edições Loyola, 2002.

- .Consciência Moral e Agir Comunicativo. Rio de Janeiro: Tempo Brasileiro, 1989.

- . Facticidad y Validez. Volume 1, Madrid, Editorial Trotta, 2005.

- . Facticidad y Validez. Volume 2, Madrid, Editorial Trotta, 2005.

MANGABEIRA UGER, Roberto, Direito e a Sociedade Moderna, Rio de

Janeiro, Civilização Brasileira, 1976.

- . Conhecimento e Política, São Paulo, Editora Forense, 1978.

- .Paixão, São Paulo, EditoraBitempo, 1998.

- . Democracia Realizada, São Paulo, Editora Bitempo, 1998.

- .Política, São Paulo, EditoraBitempo, 2001.

- . Necessidades falsas, Rio de Janeiro, Editora Record, 2009.

REALE, Giovanni. *Platone, Rilettura della metafisica dei grandi dialoghi alla luce delle "Dottrine non Scritte"*. Milano: Editora Vita e Pensiero, 1991.

- .*Storiadella Filosofia Antica*. Milano: Editora Vita e Pensiero, 1992.

- .*História da Filosofia Antiga*. São Paulo: Editora Paulinas, 1993.

- .*História da Filosofia*. São Paulo: Editora Paulinas, 1991.

REALE, Miguel. *Teoria Tridimensional do Direito - situação atual.* São Paulo: Saraiva, 1994.

- LIÇÕES PRELIMINARES DE DIREITO, São Paulo, sem editora, 25ªedição, 22ª tiragem, 2001

RAWLS, John. Justiça como equidade. Trad. Claudia Berliner e Álvaro de Vita. São Paulo: Martins Fontes, 2003.

\- . Justiça como Equidade: uma concepção política, não metafísica. Lua Nova, nº 25, p. 25-59, 1992.

\- . Lectures on the History of Moral Philosophy.Harvard University Press: Cambridge, 2000.

\- . O construtivismo kantiano na teoria moral. Justiça e Democracia. Patemot. São Paulo: Martins Fontes, 2000.

\- . O Direito dos Povos, São Paulo, Editora. Martins Fontes, 1 a edição, 2001.

\- . O Direito dos Povos, São Paulo, Editora. Martins Fontes, 1 a edição, 1999.

\- .O Liberalismo Político. Trad. Dinah de Abreu Azevedo. São Paulo: Ática, 2000.

\- . Uma Teoria da Justiça, São Paulo, Editora Martins Fontes, 2000.

Manuais e dicionários

ALMEIDA, Vieira de. *Lógica Elementar.* Coimbra: Editora Arménio Amado, 1961.

CUVILLIER, Armand. *Vocabulário de Filosofia.* Lisboa: Editora Livros Horizontes, 1986.

FARIA, Ernesto. *Dicionário Latino Português.* Rio de Janeiro: Editora MEC, 1956.

FREIRE S.J., Antônio. *Gramática Grega.* São Paulo: Editora Martins Fontes, 1987.

HESSEN, Johannes. *Filosofia dos Valores.* Coimbra: Editora Arménio Amado, 1980.

HESSEN, Johannes. *Teoria do Conhecimento.* Coimbra: Editora Arménio Amado,1987.

JAPIASSU, Hilton e Danilo Fernandez, Dicionário de Filosofia, São Paulo, Editora Zahar, 2001.

LURKER, Manfred. *Dicionário dos Deuses e Demônios.* São Paulo: Editora Martins Fontes,1993.

MORA, Ferrater. *Dicionário de Filosofía.* Buenos Aires: Editorial Sudamericana, 1951.

MORENTE, Manuel Garcia. *Lecciones Preliminares de Filosofía.* Buenos Aires: Editora Losada, 1952.

PEREIRA S.J., Isidro. *Dicionário Grego - Português.* Braga: Editora Apostolado da Imprensa, 1990.

PETERS, F. E. *Termos Filosóficos Gregos*, Lisboa: Fundação Calouste Gulbenkian, 1983.

SOBRE O AUTOR

Luiz Carlos Zubaran é Arquiteto. Mestre em Filosofia e Doutor em Arquitetura.

Possui graduação em Arquitetura e Urbanismo pela Universidade do Vale do Rio dos Sinos (1988); Mestrado em Filosofia pela Pontifícia Universidade Católica do Rio Grande do Sul (1997); Doutor em Arquitetura pela Universidade de Coruña em 2015, defesa da Tese em janeiro de 2016 (SOBRESALIENTE CUN LAUDE). Iniciou o Doutorado em Direito Constitucional na UNIVERSIDADE DE BUENOS AIRES - UBA, na 'Faculdad de Derecho' em Janeiro de 2016. Desenvolve atualmente o projeto de investigação em Direito Constitucional na Universidade de Buenos Aires.

Professor da Universidade de Passo Fundo de 1995 a 1997, professor adjunto da Universidade Luterana do Brasil de 1995 até 2006. Conselheiro do Curso de Arquitetura de 2000 a 2006 da ULBRA - RS e coordenador do Centro de Documentos Iconográficos. Professor do MBA da Faculdade IERGS-RS. Coordenou e relatou na Assembleia Legislativa do Estado do Rio Grande do Sul, em 2008, a Comissão de Infraestrutura e Saneamento - do Fórum Democrático. Foi conselheiro do CONSET – Conselho de Ciência e Tecnologia de Porto Alegre e CONDEPA – Conselho dos Deficientes de Porto Alegre em 2008 e 2009. Trabalhou na Secretaria Municipal de Segurança, na área de Pesquisa e formação e na chefia de gabinete da Secretaria Adjunta de Segurança. Atualmente atua como empresário e dono do Instituto Kabel de Educação Superior. Como urbanista trabalha no desenvolvimento do conceito de "REGENERATIOS URBAN CELL".

www.ingramcontent.com/pod-product-compliance
Ingram Content Group UK Ltd.
Pitfield, Milton Keynes, MK11 3LW, UK
UKHW061827190726
13853UKWH00009B/2469

9 788591 857654